红棉论丛
中共广州市委党校

丛书主编 孟源北

红色记忆

广州红色文化探寻

刘杰 主编

广州新华出版发行集团
广州出版社

图书在版编目（CIP）数据

红色记忆：广州红色文化探寻 / 刘杰主编. —广州：广州出版社，2021.9
（红棉论丛）
ISBN 978-7-5462-3276-8

Ⅰ.①红… Ⅱ.①刘… Ⅲ.①革命史—广州 Ⅳ.①K296.51

中国版本图书馆CIP数据核字（2021）第188771号

书　　名　红色记忆：广州红色文化探寻
　　　　　Hongse Jiyi　Guangzhou Hongse Wenhua Tanxun
出版发行　广州出版社
　　　　　（地址：广州市天河区天润路87号9、10楼　邮政编码：510635
　　　　　网址：www.gzcbs.com.cn）
出 品 人　柳宗慧
责任编辑　潘孟良
责任校对　张　苹
装帧设计　林舒巧
印刷单位　佛山市浩文彩色印刷有限公司
　　　　　（地址：佛山市南海区狮山科技工业园A区　电话：0757-88368558
　　　　　邮政编码：528225）
规　　格　787 mm × 1092 mm　1/16
印　　张　14.25
字　　数　239千
版　　次　2021年9月第1版
印　　次　2021年9月第1次
书　　号　ISBN 978-7-5462-3276-8
定　　价　43.00元

总序

◎孟源北

“这是一个需要理论而且一定能够产生理论的时代，这是一个需要思想而且一定能够产生思想的时代。”为推进党校学科体系、学术体系、话语体系建设和创新，加强对党的创新理论宣传阐释，深化对中国特色社会主义事业“五位一体”总体布局以及党的建设等领域研究，中共广州市委党校（广州行政学院）隆重推出《红棉论丛》系列成果。

红棉是一种政治立场。“木棉本是英雄树，花泣高枝雨亦红。”木棉即红棉，它是英雄花，其英雄形象和壮士风骨，一直备受世人称颂。当前，中国特色社会主义进入了新时代。身处这一伟大时代，作为党校（行政学院）理论工作者，我们既感到兴奋自豪，又感到责任重大。党校（行政学院）是党的思想理论建设的重要阵地，是党和国家的哲学社会科学研究机构和重要智库。学习研究宣传习近平新时代中国特色社会主义思想，是党校人的政治自觉和责任担当。中共广州市委党校（广州行政学院）始终坚持党校姓党的原则，依靠一支热爱党的干部培训事业、潜心传播党的创新理论的教师队伍，致力于用习近平新时代中国特色社会主义思想武装头脑、指导实践、推进工作，扎实推进“教研咨一体化”，教学出题目、科研做文章、成果进课堂、理论转咨政，并取得了显著成效。近几年来，我校教师成功申报并完成一批包括国家社会科学基金课题，省、市社会科学规划课题，中央及省党校系统课题等在内的科研项目，发表了大量的理论文章，出版了系列学术专著，报送了多篇决策咨询报告，学术理论研究和咨政成绩斐然。推出《红棉论丛》的宗旨，就是要进一步擦亮党校姓党的学术底色，坚持马克思主义立场观点方法，用学术讲政治，更加自觉地聚焦坚持和发展中国特色社会主义的火热实践，把中国特色社会主义理论体系贯穿研究全过程，转化为清醒的理论自觉、坚定的政治信念、科学的思维方法，积极为党和人民述学立论、建言献策。

红棉是一种学术态度。“却是南中春色别，满城都是木棉花。”红棉作为广州的市花，象征着广州这座承载光荣、富有梦想的城市所具有的朝气蓬勃的生机、开拓创新的热情和永不停歇的活力。2018年10月，习近平总书记视察广东期间对广州提出了实现“老城市新活力”的时代命题。这是习近平总书记着眼于全面建成社会主义现代化强国奋斗目标，充分把握世界城市发展规律，科学认识我国城市发展新趋势，对广州这样的国家中心城市在引领中国城市乃至世界城市高质量发展方向上提出的战略课题。中共广州市委党校（广州行政学院）作为中共广州市委、市政府的重要部门和广州市首批新型智库单位，始终坚持围绕中心服务大局，紧扣习近平新时代中国特色社会主义思想与广州实践这一主线，围绕广州建设成为具有经典魅力和时代活力的国际大都市这一主题，以广州这座城市丰富而又鲜活的创新实践为研究起点，深入调查研究，力图提出具有原创性的理论观点，形成自身的特色和优势。知识的本性就具有地方性，《红棉论丛》的出版，就是为了致力于强化学术理论研究的党校特点、广州特色，立足于广州实现“老城市新活力”、以“四个出新出彩”引领各项工作全面出新出彩的创新实践，在广州这片英雄辈出的红色沃土和改革开放前沿阵地上勤奋耕耘、刻苦钻研，从广州高质量发展的做法经验中挖掘新材料、提炼新观点、构建新语境，推动基于广州经验的党校特色知识体系的形成。

“奇花烂漫半天中，天上云霞相映红。”我们期待着《红棉论丛》的持续出版，能够源源不断推出我校教师的理论研究成果，结合新的实践不断作出新的学术创造，提炼出有学理性的新论断，概括出有规律性的新经验，为新时代广州高质量发展提供有益参考，助推广州建设成为具有经典魅力和时代活力的国际大都市，打造成为中国特色社会主义城市范例。

2021年4月

（作者系中共广州市委党校常务副校长、研究员，新型智库首席专家）

前言

1921年中国共产党成立，至今已走过了100年波澜壮阔的光辉历程。“在中国共产党带领中国人民进行革命斗争、社会主义建设和改革开放的历史进程中，创造、积累了彰显党的性质和宗旨、体现人民和时代要求、凝聚各方力量的先进文化，它集中体现了中国共产党的理想信仰、价值追求、精神风貌，融注于革命历史文物及文化艺术形态当中”①，这种独特的文化被称为红色文化。红色文化是中国共产党在领导中国革命的伟大斗争中凝聚而成，在社会主义建设和改革开放新时期得到继承和发展的先进文化，革命性和先进性是红色文化的鲜明特征。

广州是中国近现代民主革命的策源地，是一座具有光荣革命传统的英雄城市，红色是广州的城市底色。广州红色文化诞生于1919年五四运动后，形成于中国共产党领导的反帝反封建革命斗争过程中。1919年五四运动爆发后，马克思主义开始在广州传播，促进了广州共产主义小组的成立。1921年3月，广州共产党小组成立，它是国内最早建立的6个共产主义小组之一。广州共产党小组成立后，领导人民群众开展了一系列革命运动：传播马克思主义思想、领导工人运动、建立革命统一战线、开展农民运动、组织领导武装起义、反对国民党反动统治、反抗日本侵略者等。广州红色文化在这些革命运动中形成并得以不断丰富和发展，产生了红色遗址、红色建筑、红色人物、红色事件、红色器物、红色文献、红色文艺等红色文化资源。如中共三大会址纪念馆、黄埔军校旧址、广州农民运动讲习所、广州起义纪念馆、广州苏维埃政府旧址等，这些红色革命史迹，都是广州宝贵的红色文化资源，见证

① 陈晋：《红色文化是中国共产党人的鲜明政治标识》，《精神文明导刊》2019年第7期。

着广州英雄城市的历史。伴随广州革命运动而产生的红色精神，是广州红色文化的灵魂和核心。广州红色精神内涵丰富，如中共三大所蕴含的善于团结、善于斗争的精神，广州起义表现出来的不怕牺牲、英勇斗争精神，在抗日救亡运动中所表现出来的爱国精神和大无畏精神，等等。广州红色文化也融入了岭南文化的特点。广东地处岭南，远离北方政治中心，依山靠海的地理位置孕育了广东人敢于冒险、开拓进取的精神气质，加之广东自古以来就是中国对外通商口岸，中外文化在这里汇聚碰撞，造就了广东开放包容的文化特质。广州是岭南文化中心，岭南文化特质在广州人身上得到鲜明体现，广州人敢为人先，勇于探索，在社会变革中总能领先一步。广州红色文化也不可避免地打上岭南文化的烙印，不但具有坚定的理想信念，爱国爱党、不怕牺牲等革命精神，还具有开拓创新、开放包容等岭南文化的鲜明特性。新中国成立后，广州红色文化得到进一步的发展和丰富，红色旧址得到更好的保护，红色人物、红色事件得到深入挖掘，红色精神内涵不断丰富，红色研究和创作不断加强。广州红色文化已成为广州城市文化的重要组成部分，在引领广州城市文明发展中发挥着日益重要的作用。

本书编写组

目录

第一章

红色文化是实现民族复兴的强大精神动力

习近平总书记提出：“中国特色社会主义是全面发展、全面进步的伟大事业，没有社会主义文化繁荣发展，就没有社会主义现代化。要坚定文化自信，推动中华优秀传统文化创造性转化、创新性发展，继承革命文化，发展社会主义先进文化，不断铸就中华文化新辉煌，建设社会主义文化强国。”① 文化是一个国家、一个民族的灵魂，是一个民族赖以存在和发展的内在根基和重要标志，是民族凝聚力和创造力的重要源泉。红色，在中国政治中常被用来象征革命，中国共产党领导的革命被称为红色革命。由此产生的红色文化是伴随着马克思主义中国化而形成的一种新的文化形态，见证了中国共产党从诞生、成长到发展壮大的历史过程，是在革命战争年代由中国共产党人、先进分子和人民群众共同创造的极具中国特色的先进文化，蕴含着丰富的革命精神和厚重的历史文化内涵，是实现民族复兴的强大精神动力。

广州作为中国近现代民主革命的策源地，拥有丰富的红色文化资源。2018年10月，习近平总书记视察广东发表重要讲话时提出，广州要实现老城市新活力、做到“四个出新出彩”。广州市专门制定了《广州市推动城市文化综合实力出新出彩行动方案》，全力打造红色文化、岭南文化、海丝文化和创新文化品牌，建设社会主义文化强国的城市范例。广州的红色文化凝练彰显了中国人民的革命斗争精神，并在实践中形成了具有广州特色的红色精神。

---

①《习近平：全面推进教育文化卫生体育事业发展》，《人民日报》（海外版）2020年9月23日。

红色文化的内涵、特征与基本属性

党的十八大以来，以习近平同志为核心的党中央高度重视红色文化资源的保护和开发，高度重视红色传统、红色基因、红色精神的继承和弘扬。继承革命传统、弘扬红色文化，必须充分认识红色文化的深刻内涵及其特征属性。

红色文化的丰富内涵

学界有关红色文化的内涵仍多有争议。有学者从文化资源的角度将红色文化理解为红色资源。如朱小理、胡松、杨宇光认为，红色资源是指中国人民在中国共产党领导下，在新民主主义革命到改革开放前创造和形成的，可以为我们今天开发利用，且必须经过转化才能彰显出其当代价值的革命精神及其载体的总和。[①]一些学者则认为红色文化就是在革命战争年代形成的革命文化，主要是表明红色文化来源于革命战争年代，但是红色文化并不止于革命文化，在建设和改革时期具有新的发展。如李康平认为，中国新民主主义革命年代形成的红色文化，主要指的是自中国共产党诞生以来，为实现中华民族的独立、解放与自由，在长期的革命战争年代形成的一系列的革命文物、革命文献、文艺作品、革命纪念地、战争遗址、革命领袖人物故居、革命根据地，以及凝结在其中的革命精神和革命道德传统。[②]渠长根在《红色文化概论》中认为，在广义上从世界社会主义和共产主义运动的整个历史过程中形成的人类进步文明的总和来界定红色文化；狭义上则特指在新民主主

① 朱小理、胡松等：《"红色资源"概念的界定》，《井冈山大学学报（社会科学版）》2010年第5期。

② 李康平：《江西红色资源开发与教育研究——江西红色历史文化研究》，中国社会科学出版社，2011年版。

义革命、社会主义革命和改革开放实践中，中国共产党在马克思主义指导下创造出来的各种物质和精神财富的总和。此外，有学者将红色文化界定为先进文化。聂华瑞认为，红色文化是指在新民主主义这个特定的历史时期，全国各族人民在中国共产党的领导下，以马克思主义为指导，以革命精神为核心，在长期的革命实践过程中，不断理论联系实际，在对传统文化和中外优秀文化思想进行"取其精华、去其糟粕""去粗存精、去伪存真"的基础上所形成的具有中国特色的先进文化。①也有学者将红色文化理解为中国共产党与中国人民创造的一种特色文化形态。韩延明认为红色文化是在马克思主义中国化进程中，中国人民在中国共产党的领导和影响下在民族文化基础上创造的崭新文化形态，它代表着20世纪以来中华文化发展的主流和前进方向，是物态文化、制度文化、行为文化和心态文化的统一体。②

红色文化的鲜明特征

红色文化是在中国共产党团结和带领中国人民艰难推进中国革命的历程中逐渐形成的一种文化形态，具有鲜明的革命性、先进性和传承性特征。

1. 革命性

红色文化的革命性主要体现在理论的革命性和实践的革命性上。

在理论的革命性上，中国共产党是有着崇高理想和奋斗目标的马克思主义政党。中国共产党自成立之日起，就把马克思主义确立为自己的指导思想，马克思主义是在批判继承人类历史上一切积极有益成果的基础上产生的，它的发展史本身就是批判的、革命的历史，批判、否定、革命作为一条红线贯穿于马克思主义的全部发展史中。习近平总书记在纪念马克思诞辰200周年大会上明确指出："学习马克思，就要学习和实践马克思主义关于文化

① 聂华瑞：《论红色文化的功能》，硕士学位论文，河南师范大学，2013年。

② 韩延明：《红色文化与社会主义核心价值体系建设研究》，人民出版社，2013年版。

建设的思想。”[1]马克思指出：“革命是历史的火车头。”[2]马克思把革命看作社会进步的强大发动机，马克思主义的革命性表现在对资本主义制度的批判、对各种错误理论的批判，以及具有坚定政治立场上。马克思主义是工人阶级的意识形态，以科学的理论形式反映工人阶级和广大人民群众的利益、愿望和要求。红色文化的形成发展，始终离不开马克思主义的指导，始终是在马克思主义指导下取得的，红色文化的核心内涵都蕴含了马克思主义的理论观点。

在实践的革命性上，从红色文化产生过程来看，红色文化是因革命而产生的文化，红色文化是中国新民主主义革命斗争的反映。中国近现代史就是中华儿女的革命斗争史，革命性是中国新民主主义斗争实践的应有之义，贯穿红色文化的始终。从辛亥革命到五四运动，从抗日战争到全国解放战争，再到新民主主义革命斗争的伟大胜利，中国共产党始终在马克思主义指导下用革命手段坚决捍卫人民利益，坚决捍卫红色政权，形成了一部不断反抗侵略、实现中华民族伟大复兴的曲折革命斗争史。中国红色文化就是在近现代中国人民抵御强权侵略、反抗反动统治的过程中逐渐形成和发展的。中国共产党的诞生，使中国革命有了正确的前进方向，中国革命的面貌由此焕然一新。中国红色文化正是以中国共产党领导全国各族人民进行革命的伟大实践为基础创立的文化形态，红色文化从产生的第一天起就具有革命性。从红色文化的作用来看，红色文化蕴含的理想信念和精神品质对革命事业的胜利具有引导和推动作用。在新民主主义革命时期，毛泽东明确指出：“要使文艺很好地成为整个革命机器的一个组成部分，作为团结人民、教育人民、打击敌人、消灭敌人的有力武器，帮助人民同心同德地和敌人作斗争。”[3]红色精神在革命斗争中不断发展，逐渐成为人民群众的精神支柱，成为中国共产

---

① 习近平：《在纪念马克思诞辰200周年大会上的讲话》，《人民日报》2018年5月5日。

② 《马克思恩格斯文集（第二卷）》，中共中央马克思恩格斯列宁斯大林著作编译局译，人民出版社，2009年版。

③ 《毛泽东选集（第三卷）》，人民出版社，1991年版。

党的政治优势。人民群众对于中国共产党指明的方向、方针和路线都能够做到积极响应和坚定支持。红色文化对中国共产党的革命事业有着积极的促进作用。

红色文化是因革命而产生的文化，是革命战争年代中国文化的历史见证。红色文化的灵魂是党领导人民创立的革命精神，比如革命战争年代形成的红船精神、井冈山精神、苏区精神、长征精神、延安精神、太行精神、抗战精神、沂蒙精神、红岩精神、西柏坡精神等。

2. 先进性

中国共产党是中国工人阶级的先锋队，同时也是中国人民和中华民族的先锋队，代表中国先进生产力的发展要求，代表中国先进文化的前进方向，代表中国最广大人民的根本利益，其最高理想和最终目标是实现共产主义。中国共产党是一个先进的党，始终走在时代的前列，是推进革命、建设、改革最根本的政治保证和组织保证。红色文化是中国共产党领导下的文化创造，先进性是红色文化的突出特征。

红色文化是在马克思主义科学理论指导下的中国革命实践的文化创造，是在厚重的历史积淀和中国革命实践上不断形成和发展的。习近平总书记在纪念马克思诞辰200周年大会上指出："马克思主义始终是我们党和国家的指导思想，是我们认识世界、把握规律、追求真理、改造世界的强大思想武器。"在革命时期，以李大钊为代表的一批先进知识分子开始在中国传播马克思主义，特别是五四运动以后，马克思主义在中国知识分子中得到了进一步的传播，并促进了其与中国工人运动的深入结合，为中国共产党的创建准备了思想和现实条件。在此基础上，中国共产党第一次全国代表大会于1921年召开。中共一大正式宣告了中国共产党的成立，并将马克思主义作为其指导思想。中国共产党举起了真理的火炬，更大范围内吸引着为民族救亡图存的先进知识分子和爱国人士，哺育了一大批杰出的共产主义者。红色文化是在中国的革命实践中，在马克思主义指导下，高度凝聚着中国化马克思主义的精神内涵。红色文化的先进性具体表现为被历史证明具有进步性价值的革命实践，凝聚了中国共产党人一代又一代积极奋斗所产生的价值共识。

红色文化是中国共产党正确领导下的文化创造。中国共产党是以先进理论为指南的党，具有与时俱进的先进性。在红色文化的发展历程中，中国共产党始终发挥着不可替代的领导作用。红色文化是中国共产党领导人民在革命、建设、改革的历史中创造的，是在近代以来中国人民反抗帝国主义、封建主义和官僚资本主义的长期革命历程中产生的。红色文化凝聚了中国共产党在革命、建设、改革的伟大实践中与时俱进的执政智慧和精神品格。

3. 传承性

红色文化是中华优秀传统文化涵养下的文化创造。在中国五千多年文明发展历程中，中华文化绵延不绝、源远流长，诞生了许多优秀文化。近代以来，中华民族饱受列强欺辱，中国共产党带领全国各族人民顽强斗争，最终取得了新民主主义革命和社会主义革命的胜利，在革命、建设和改革的过程中诞生了红色文化。红色文化的精神内涵不仅吸收了五千年中华优秀传统文化的精华，而且蕴含了中华民族历史实践的行为准则和精神追求，具有旺盛的生命力和强大的感染力。

中华优秀传统文化是红色文化的思想之源和精神之本，红色文化是在吸收了中华优秀传统文化的基础上演化而来的。习近平总书记曾对中华优秀传统文化的思想净化和道德精髓做过精辟的阐述："讲仁爱、重民本、守诚信、崇正义、尚和合、求大同。"这些精髓和精华同样是红色文化的价值追求。文天祥的"人生自古谁无死，留取丹心照汗青"，顾炎武的"天下兴亡，匹夫有责"，杜甫的"安得广厦千万间，大庇天下寒士俱欢颜"，范仲淹的"先天下之忧而忧，后天下之乐而乐"，等等，这些著名诗句彰显了强烈的爱国主义和社会责任感。红色文化与中华优秀传统文化的精神一脉相承。爱国是红色文化最根本的追求，中国共产党有着强烈的国家责任感和社会责任感，在革命时期始终坚持为国家民族利益抗争，带领仁人志士大义凛然、视死如归。为民是红色文化的核心内容。中国共产党成立以来，一直重视人民地位和作用，始终发挥密切联系群众、走群众路线、取信于民的优良传统和作风。在革命战争年代，无数革命烈士为了实现民族独立、人民解放，不惜抛头颅洒热血，献出自己宝贵的生命。

红色文化的类型划分与当代价值

红色文化是中国共产党及其领导的革命、建设和改革成功经验的历史积淀，具有鲜明的时代主题，有着不可替代的时代价值。在当今世界面临百年未有之大变局、经济文化融合与冲突并存的时代，弘扬红色文化，对坚定中国人民信仰、增强中国文化自信、满足人民群众精神文化的需求有着极其重要的现实意义。

★ 红色文化的类型划分

关于红色文化的类型划分，目前学界尚未形成共识。张泰城在《论红色文化资源的分类》一文中提出把红色文化分成十种类型：红色旧址、红色器物、红色文献、红色人物、红色事件、红色文艺、红色建筑、红色精神、红色研究、红色创作。[①]我们认为，红色文化大致可分为以下四类：

1. 红色历史

红色历史包括红色人物和红色事件。红色人物是指在革命战争年代做出

---

① 张泰城：《论红色文化资源的分类》，《中国井冈山干部学院学报》2017年第4期。

重要贡献、产生较大影响的个体或群体。如李大钊、张太雷、江竹筠、赵一曼等。红色事件是指在革命战争年代发生过的重要而具有积极影响的会议、运动、战役等。如中共一大、中共三大、中共七大、遵义会议，五四运动、一二·九运动，南昌起义、秋收起义、广州起义等。

2. 红色文物

红色文物是指与重大红色事件、红色人物和红色活动等有关的器具用品和建筑物体，可分为可移动红色文物和不可移动红色文物。具体来说，不可移动红色文物包括各种革命建筑旧址、重要革命领导人及其他进步人士故居旧居等，还包括与红色事件和红色人物有关的各种博物馆、纪念馆等。如中国人民革命军事博物馆、延安革命纪念馆、井冈山革命博物馆、中共一大会址纪念馆、广州起义纪念馆、南昌八一起义纪念馆等。可移动红色文物包括遗留下来的革命文物、各种相关的生产生活学习办公用品、相关的题词碑刻等。如毛泽东在井冈山使用过的煤油灯、周恩来穿过的衣物等。

3. 精神形态的红色文化

包括红色精神以及反映红色精神的红色文艺、红色研究、红色创作。红色精神是红色文化的核心和灵魂，贯穿于红色文物、红色人物、红色活动等。中国共产党百年的历史中形成了许多红色精神，如红船精神、井冈山精神、长征精神、延安精神、西柏坡精神等。随着时代的发展，红色精神也在不断增添新的内容。红色精神是马克思主义普遍原理与中国共产党革命实践相结合的产物，是中国共产党创造的先进文化和精神遗产。红色文艺创作包括红色歌曲，如歌曲《义勇军进行曲》《没有共产党就没有新中国》《黄河大合唱》，大型舞蹈史诗《东方红》，小说《铁道游击队》，等等。这些红色作品以人民群众喜闻乐见的方式创作，生动展现了丰富的红色精神。

4. 红色制度

制度形态的红色文化形式丰富多样，主要是指在中国共产党的带领下形成的纲领、路线、方针、政策等一系列规范体系，包括政治制度、经济制度、文化制度等。红色制度是中国共产党取得革命胜利成果的重要保障，是红色文化的重要组成部分。如中共一大通过的《中国共产党纲领》，中共三大通过的《关于国民运动及国民党问题的决议案》《中国共产党第一次修正章程》，第一次全国劳动大会通过的《罢工援助案》，等等。

★ 红色文化的当代价值

红色文化是中国共产党在革命、建设和改革中形成的宝贵精神财富。习近平总书记强调："光荣传统不能丢，丢了就丢了魂；红色基因不能变，变了就变了质。"他还强调："红色基因就是要传承。中华民族从站起来、富起来到强起来，经历了多少坎坷，创造了多少奇迹，要让后代牢记，我们要不忘初心，永远不可迷失了方向和道路。"弘扬红色文化，对于推动马克思主义文化理论的创新发展、坚定中国人民信仰、增强中华文化自信，以及满足人民群众精神文化的需求有着不可替代的作用。

1. 推动马克思主义文化理论的创新发展

红色文化是结合了时代特点所诞生的重要文化形态，是一种优秀、先进的文化形态。红色文化是与中国革命实践结合起来的，是在马克思主义基本原理同中国国情创造性结合的历史过程中产生和发展的。红色文化同马克思主义有着密不可分的联系，马克思主义为红色文化的形成、发展提供了理论上的支持和借鉴，红色文化则是马克思主义中国化的具体实践。红色文化内涵丰富而又与时俱进，既是对马克思主义文化理论的继承，也是对马克思主义文化理论的创造性运用和发展，为马克思主义文化理论增添了新的内容。马克思主义中国化使中国共产党站在了新的历史起点上，红色文化从最初的形成到发展壮大的历史进程，集中反映了中国共产党是创造性运用和科学发展马克思主义基本原理的光辉典范，是中国共产党不断从理论成熟走向政治成熟的最好见证。

红色文化从来都不是僵化封闭的体系，从诞生之日开始就是开放性和包容性相统一的文化，是一种继往开来的文化类型。红色文化发展始终与中国精神、社会发展和世界发展息息相关。红色文化作为马克思主义中国化的重要内容，在一定程度上也体现了中国特色社会主义的核心文化内涵，一方面赋予了马克思主义时代内涵，推动马克思主义的创新发展；另一方面也为国家及社会发展提供了强有力的支持，提高了中国文化的影响力。

2. 坚定人民信仰的强大支柱

信仰与信念在个人与国家发展过程中都至关重要。习近平总书记在庆祝改革开放40周年大会上的重要讲话中指出："信仰、信念、信心，任何时候都至关重要。小到一个人、一个集体，大到一个政党、一个民族、一个国家，只要有信仰、信念、信心，就会愈挫愈奋、愈战愈勇，否则就会不战自败、不打自垮。无论过去、现在还是将来，对马克思主义的信仰，对中国特色社会主义的信念，对实现中华民族伟大复兴中国梦的信心，都是指引和支撑中国人民站起来、富起来、强起来的强大精神力量。"他还强调："人民有信仰，国家有力量，民族有希望。"一个人有了坚定正确的理想信念，就能不懈努力、执着追求；一个国家和民族有了坚定正确的理想信念，就能披荆斩棘、攻坚克难。回望历史，中国共产党带领人民群众为实现中华民族独立与富强进行了艰难探索，中国共产党能够成为领导中国革命与建设的核心力量，与共产党人坚定的理想信念是分不开的。当前，在实现中华民族伟大复兴的中国梦过程中，我们更需要坚持中国共产党的领导，坚定理想信念。

随着改革开放的进程不断向前快速推进，在中国高速发展的过程中，有的人逐渐缺乏具有普遍性认同的信仰，信仰趋向功利化与世俗化，难以构成基于信仰认同的国家意识与社会价值规范。近年来，历史虚无主义沉渣泛起，妄图通过全盘否定中国共产党及其领导的革命、建设和改革的历史，从历史依据上否定中国共产党执政的历史必然性、政治正当性和现实合法性，以实现其搞乱人民的思想、动摇人民的信仰和阻挠中华民族伟大复兴的目的。还有一些党员干部面对金钱和权力的诱惑，开始搞特殊、谋私权、图私利，甚至堕落腐化，共产主义理想信念严重缺失，忘记了共产党人的初心和使命。

红色文化是中华民族在抵御外侮、争取民族解放、人民自由幸福的斗争中逐步形成和发展的特有的文化。保护、传承和弘扬红色文化，是坚定人民信仰、抵制历史虚无主义的有效途径。红色文化记录了中华民族近现代的历史沧桑。自1921年以来，中国共产党人坚持价值理念，带领全国各族人民浴血奋战、艰苦奋斗，致力于寻求民族独立和人民解放、国家富强和人民幸福，实现中华民族伟大复兴。伴随中国共产党领导的中国革命和斗争而产生的红色文化能够揭露历史虚无主义的虚伪性和反动目的，能够破除历史虚无主义，引领全国人民维护民族团结和国家统一、振兴中华，从而更加坚定中国人民的信仰。

青少年作为中国特色社会主义现代化建设的重要力量，理想信念在很大程度上会决定广大青少年的前途和发展，如果不坚定青少年的理想信仰，一个国家、一个民族就会失去凝聚力和生命力。习近平总书记指出："青年的价值取向决定了未来整个社会的价值取向，而青年又处在价值观形成和确立的时期，抓好这一时期的价值观养成十分重要。这就像穿衣服扣扣子一样，如果第一粒扣子扣错了，剩余的扣子都会扣错。"[①]社会主义市场经济的全球化不可避免地带来了多元文化的价值冲突，加上青少年对红色文化发展历史的认识淡化，觉得红色文化成长的社会历史环境总是那么的遥不可及，难以引起深层次的历史反思。不少青少年的理想信念呈现出物质化和庸俗化的

---

① 《习近平：青年要自觉践行社会主义核心价值观——在北京大学师生座谈会上的讲话（2014年5月4日）》，《人民日报》2014年5月5日。

特点，有的甚至漠视理想信念，形成了一股轻视马列信仰、共产主义理想和民族精神的潜流。红色文化既有特定历史阶段的特定内涵，又有与时俱进的价值传承和强大的现实生命力。弘扬红色文化是建设中国人民精神家园的有效途径，有助于人们尤其是青少年，认清历史虚无主义的严重危害，开拓红色文化视野，培养红色文化情怀，坚持正确的信仰导向，树立正确的历史观和价值观。

3. 增强文化自信的重要支撑

文化自信是对文化的作用及其生命力、创造力、影响力的深度认同和执着信念。一个国家的自信，在很大程度上来源于文化的自信。文化自信的丧失，实质上是民族自信的丧失。党的十八大以来，习近平同志指出："中国有坚定的道路自信、理论自信、制度自信，其本质是建立在5000多年文明传承基础上的文化自信。"党的十八大以来，习近平总书记在道路自信、理论自信和制度自信的基础上提出文化自信，是对中国原有的"三个自信"的创造性拓展和完善。文化自信反映了党对新时代文化发展的深入认识，彰显了中国文化的魅力。习近平总书记在党的十九大报告中指出："文化是一个国家、一个民族的灵魂。文化兴国运兴，文化强民族强。没有高度的文化自信，没有文化的繁荣兴盛，就没有中华民族伟大复兴。"[①]文化自信是实现中华民族伟大复兴的思想保证、精神动力和智慧源泉。

中国文化自信，就是要始终坚信党和人民创造的文化是先进的。文化自信的前提是文化自觉，就是在全球化大背景下，面对复杂的文化现象，能够准确地把握红色文化的本质特征和发展规律，对红色文化的功能和价值做出正确的判断。红色文化是党和人民在推动中国革命发展进步的实践中创造的文化，是马克思主义中国化的文化成果，是中国共产党领导中国人民在革命、建设和改革开放实践中，以马克思列宁主义为指导，吸收中外优秀文化

---

① 习近平：《决胜全面建成小康社会　夺取新时代中国特色社会主义伟大胜利》，人民出版社，2017年版。

养分所创造出来的先进文化。红色文化是中国文化自信的重要支撑。红色文化包含在中国特色社会主义文化体系中，党的十九大进一步拓展和完善社会主义文化的内容架构，将红色文化与中华优秀传统文化和社会主义先进文化加以完整梳理，完善中国特色社会主义文化体系。

近年来，西方敌对势力把我国的发展壮大视为对其价值观和制度模式的挑战，不断加紧对我国的思想文化渗透，在新闻媒体、商业网站及自媒体等信息平台上不断出现攻击我们党和国家的言论。一些国内外敌对势力企图用西方的“宪政民主”颠覆中国的人民民主专政，用“普世价值”取代社会主义核心价值观。习近平总书记曾说，“国内外各种敌对势力，总是企图让我们党改旗易帜、改名换姓，其要害就是企图让我们丢掉对马克思主义的信仰，丢掉对社会主义、共产主义的信念”。

出于对当前国际形势的深刻洞察，党的十八大以来，习近平总书记在不同场合多次强调坚持马克思主义的指导地位，弘扬中华优秀传统文化，传承红色基因，努力建设社会主义先进文化，在全党全国人民中树立起坚定的文化自信。习近平总书记说过：“文化自信，是更基础、更广泛、更深厚的自信。在5000多年文明发展中孕育的中华优秀传统文化，在党和人民伟大斗争中孕育的革命文化和社会主义先进文化，积淀着中华民族最深层的精神追求，代表着中华民族独特的精神标识。我们要弘扬社会主义核心价值观，弘扬以爱国主义为核心的民族精神和以改革创新为核心的时代精神，不断增强全党全国各族人民的精神力量。”[①]红色文化是中华民族优秀传统文化和中国共产党领导人的智慧相结合的文化结晶，是中华民族特有的先进文化，是国家文化软实力的根基。在实现中华民族伟大复兴的历史新时期，传承和发展红色文化，有利于增强国人对中华文化的认同感和归属感，增强文化自觉、文化自信和文化自强，是中华民族不断走向成熟的重要标志。

---

① 《习近平在庆祝中国共产党成立95周年大会上的讲话》，《人民日报》2016年7月2日。

4. 满足人民群众精神需要的重要载体

党的十九大报告指出：我国社会主要矛盾已经转化为人民日益增长的美好生活需要和不平衡不充分的发展之间的矛盾。人民对美好生活的追求，不仅是对物质生活的追求，更是对美好精神文化的需求。文化是民族生存和发展的重要力量，是一个国家和民族的灵魂和凝聚民族精神的纽带。不平衡不充分的发展也包括经济与文化发展的不平衡、文化需求与文化供给的不平衡。

作为中国特色社会主义文化的组成部分，新时代更需要发挥好红色文化的精神力量。红色文化是中国共产党价值追求和中华民族精神内涵最生动的象征，红色文化的话语体系包含着丰富的精神文化、远大的共产主义理想、全心全意为人民服务的崇高精神，以及艰苦奋斗、勤俭节约、百折不挠、奋发图强、忠于职守、勇于担当等优秀品格。其中，爱国主义情怀和艰苦奋斗精神是红色精神最突出凝练的精神。

红色文化的价值引领能够满足我国当代广大人民群众迫切的精神渴求。当前，我们要实现“两个一百年”奋斗目标、实现中华民族的伟大复兴，需要弘扬爱国主义精神、敢为人先的首创精神、坚定理想的艰苦奋斗精神、忠诚为民的奉献精神。在波澜壮阔的革命年代形成的红色文化，是弘扬革命精神和社会主义核心价值观的宝贵文化资源，是激励人民群众艰苦奋斗、自强不息的强大精神动力，极大丰富了人们的精神文化生活，能够不断满足人民群众日益增长的精神文化需求。

广州红色文化及其独特魅力

广州是一座具有光荣革命历史传统的城市，是中国近现代民主革命的策源地，省港大罢工、广州起义等历史事件都发生在广州。广州也是中国共产党早期开展革命活动的中心地之一。无数革命者在这里留下了奋斗的足迹，他们身上体现出来的革命精神，值得每一名共产党员握好历史接力棒，弘扬好革命传统，更好地传承信仰之光和理想之火，让红色文化基因根植在心中。

★ 广州红色文化资源丰富类型多样

广州是国务院批准的第一批公布的24座历史文化名城之一，拥有的红色文化资源存量在全国位列前茅，其中包括中共三大会址纪念馆、毛泽东同志主办的广州农民运动讲习所（简称“农讲所”）旧址、广州公社旧址、中华全国总工会（简称“全总”）旧址等，是一座名副其实的红色之城。这些红色文化资源既包括物质形态的遗址、遗迹、遗物等，也包括精神形态的红色精神、红色文艺创作、红色文化研究、红色制度文化等。

1. 数量众多的红色物质文化资源

广州是全国成立中共早期组织和参与建党的六个城市之一。广州红色资源的物质表现形态包括中国共产党在广州进行革命活动的历史遗迹、历史遗物和纪念符号。历史遗迹如中共党组织在广州建立的中共广东区委员会旧址、党领导全国工人的中华全国总工会旧址、毛泽东等中共领导人曾主持并讲授的农民运动讲习所、确立国共两党合作建立革命统一战线的中共三大会议旧址、广州解放纪念像等。历史遗物指中共党组织在广州建立、发展或举行重大历史活动中使用并遗留下的物品，包括革命宣传刊物、起义物品、书信日记、档案文献等。如广州新青年社出版的《新青年》及一系列宣传革命的进步丛书、毛泽东等在广州农民运动讲习所使用过的教材等。纪念符号主要包括纪念广州重要的红色历史事件或缅怀在广州革命斗争中英勇牺牲的烈士而建立的纪念馆、纪念碑、陵园、故居等。广州著名的纪念符号有掀起大革命高潮的中共三大会址纪念馆、“全国一百个红色经典景区”之一的广州起义纪念馆、植地庄抗日战斗烈士纪念碑，广州起义烈士陵园、广州银河烈士陵园，工农运动死难烈士纪念碑、九佛镇竹山革命烈士纪念碑、禺北民众抗日纪念亭，卫国尧、陈复烈士故居，等等。

据初步统计，广州全市现存红色资源总数619项，其中，物质遗产类526项，人文活动类93项；全市红色文化史迹共230处，其中，列入文物保护单位的有124处，未列入文物保护单位的有106处。广州组织发布的首批115处《广州市红色史迹（不可移动文物）名录》中，全国重点文物保护单位有11处，广东省文物保护单位有6处。在全市115处红色史迹不可移动文物中，越秀区共31处，占全市的27%，其中全国重点文物保护单位8处，3A级以上红色旅游景区5处。

2. 形式多样的红色文化艺术创作和红色文化研究

在新民主主义革命时期，广州涌现了许多红色文化艺术创作。广州先进革命青年通过创作歌曲、演出话剧等形式，以文化艺术作为强大的斗争武器进行文化战线上的斗争，来扩大党的影响，推动革命文化活动。

歌曲如曾被数代人传唱的经典革命歌曲《国民革命歌》，据中国档案资讯网记载，这首歌曲是在1920年代大革命时期，由黄埔军校的军人根据法国著名童谣《雅克兄弟》的曲调重新填词创作的。歌曲反映了从国共第一次合作到工农运动高涨的历史，该歌曲迅速传遍全国，成为当时中国最流行的歌曲。广州基督教青年会举办暑期歌咏团，后发展成为群众性抗日救亡团体——广州民众歌咏团，由该团团员何芷作词、培正中学音乐教师何安东谱曲的抗日歌曲《全国总动员》在广州广为传唱。广东番禺人冼星海谱写了大量抗日歌曲，创作了《救亡进行曲》《青年进行曲》《黄河大合唱》《九一八大合唱》，歌剧《军民进行曲》，等等。

版画如广东番禺人李桦在1935年创作的木刻版画《怒吼吧，中国！》，刻画了一个被捆绑的中国人形象。他张嘴怒吼，身体呈动势，想要挣脱绳索束缚，拿起地上的刀去战斗，表达出抗战必胜的坚定信念。

小说如黄芦的《袭击》；1932年9月成立的广州文艺社，又称“广州普罗作家联盟”，主张大众文艺、抗战文艺，秘密出版了以抗日和阶级斗争为题材的章回小说《单眼虎》（欧阳山）、《缫丝女失身记》（草明）等。

戏剧如《白色恐怖》《三江好》《九一八以来》《放下你的鞭子》《重逢》《烙印》《张家店》；中山大学抗日剧社演出的《工厂夜景》《钱》《活路》《乱钟》《五奎桥》《暴风中七个女性》《二伤兵》《我们不起货》《战友》；中国左翼戏剧家联盟广州分盟演出的《怒吼吧，中国！》《最初欧罗巴之旗》《水火》；等等。其中，1938年由广东戏剧协会组织进步戏剧界联合演出的《黄花岗》引起社会各界强烈反响。《黄花岗》是广州抗战时期剧作方面的重要成就和代表，是广州抗日救亡话剧运动的一个缩影，在广州甚至全国产生了较大影响。诗歌如广州培正中学的中共党员陈黄光创作的《奋起救国》《母亲啊，他要永远地前行！》。

刊物如迁至广州出版的《新青年》，第一次国内革命战争时期广州地区最有影响力的日报《广州民国日报》，第一次国内革命战争时期中共广州党组织的机关报《广东群报》，在广州复刊的《烽火》，在广州创刊的中共中央机关刊物《前锋》，在广州创刊的《政治周报》，在广州创刊的中共广东区委机关报《人民周刊》，广州文艺社的《广州文艺》，世界情势社的《世界情势》，万人周刊社的《万人周刊》，一般文化社的《一般文化》，光明剧社的《光明》，文化阵线社的《文化阵线》，中山大学文艺研究社的《新启蒙》，前卫戏剧作家同盟的《前卫戏剧集》，培正中学教师陈黄光组织出版的《新文艺评论》《新兴文艺》《一般艺术》《绿天》，火花社的综合性秘密刊物《火花》，天王星社的《天王星》，中国左翼文化总同盟广州分盟（简称“广州文总”）的《新路线》《星光》《社会学报》《戏剧新闻》《大众科学》《诗刊》《地下火》《新潮》，中华民族革命大同盟（简称“民族大同盟”）广州支部创办的刊物《在抗战的旗织下》，中山大学突进社的《突进》，等等。这些刊物充满了革命理想和爱国主义激情，掀起了革命热潮，促进了红色文化的发展。

如今，广州设置扶持红色文艺精品创作的专项经费，用于鼓励和引导各类文艺创作演出团体深入红色文化史迹体验和采风，结合粤剧、粤曲、“三雕一彩一绣”等岭南传统艺术展现红色文化，创作红色粤剧电影《刑场上的婚礼》、红色粤剧《初心》、红色舞剧《浩然铁军》《永不消逝的电波》、红色史诗歌剧《长征》、红色木偶剧《游曦》等红色文艺精品。通过梳理各个历史时期发生在广州的革命故事，广州还编制出版了《街巷里的红色印记——广州越秀红色革命史迹全纪录》《我们的远方故事：中国远征军中的黄埔军人口述录》《“1927·广州起义”英雄人物》等著作图录，广泛传播广州红色故事。

3. 丰富的红色制度文化

红色制度文化是指中国共产党在新民主主义革命时期形成的革命理论、纲领、路线、方针、政策等革命档案文献作品，体现了中国共产党代表最广大人民群众和先进文化发展方向的先进性。广州红色制度文化非常丰富，广泛地分布在新民主主义革命时期的不同阶段。

广州红色制度文化包括：解决组织工人运动的问题的规范，如在广州召开的第一次全国劳动大会通过的《罢工援助案》《全国总工会组织原则案》，在广州召开的省港女工代表大会通过的《制定新工厂法提案》《女工保护提案》《拥护省港罢工提案》，在广州召开的第三次全国劳动大会通过的《中国职工运动总策略决议案》《组织问题与其运用之办法决议案》《劳动法大纲决议案》《关于工农兵大联合的决议》《关于省港罢工报告的决议》，等等；侧重解决农民运动问题的决议案，如在广州召开的广东省第一次农民代表大会通过的《经济问题决议案》《农民自卫与民团问题决议案》《农民协会今后进行方针决议案》等；侧重解决党内制度建设与国民党合作管理的规范，如中国社会主义青年团第一次全国代表大会制定的《中国社会主义青年团纲领》《中国社会主义青年团章程》，中共三大通过的《中国共产党党纲草案》《关于国民运动及国民党问题的决议案》《中国共产党第一次修正章程》《中国共产党中央执行委员会组织法》，等等；用于指导社会各界群众抗日救亡活动的决议案，如《职工运动决议案》、《广东工作计划决议案》、《广州暴动之意义与教训》决议案等；指导社会各界迎接解放接管的准备工作的提纲，主要有《解放前夕广州形势与当前任务》。

★ 广州红色文化的特色

广州红色文化资源主要产生于中国共产党领导的早期革命时期，众多影响中国历史进程的重大事件都发生在越秀区。因此，广州红色文化资源具有鲜明的时代特色和空间分布特点，广州红色精神具有鲜明的地域特色。

1. 广州红色文化资源具有鲜明的时代特色

20世纪20年代是中国共产党初始创建和大革命时期，在将近十年的时间里，广州是大革命的策源地，一直是中国革命的重心，轰轰烈烈的国民革命运动就是从这里兴起并扩展到全国的。新民主主义革命时期，特别是大革命时期，中国共产党紧紧团结和依靠人民在广州创造性地领导了一系列波澜壮阔的革命实践和伟大壮举，从而赋予广州革命以鲜明的红色底蕴。在开展革命、谋求解放的进程中，广州这座城市见证了诸多重大历史事件的发生。从1919年五四运动开始，到1927年12月广州起义结束，广州人民在党的领导下，开展了波澜壮阔的革命实践活动，淋漓尽致地展现了广州作为中国革命的策源地与中心地的生动实践。

2. 广州红色文化资源具有鲜明的空间分布特色

越秀区一直是广州的主城区，新民主主义革命时期众多影响中国历史进程的重大事件都发生在越秀区，因此广州红色文化资源大部分分布在越秀区。越秀区是广州市革命遗迹最集中、红色基因最深厚的地区。

越秀区是中国共产党早期在广州的主要活动地。“中共党史上的十个第一”——第一批共产党早期组织（广州共产党早期组织）、第一批中国共产党地方组织（中共广东区执行委员会）、中国社会主义青年团第一次全国代表大会（简称“团一大”）、第一次建立国共合作的革命统一战线（中国共产党第三次全国代表大会）、第一个中国共产党地方军事机构（中共广东区委军事运动委员会）、第一个中国共产党地方纪检监察机构（中共广东区委监察委员会）、第一个全国性的工会领导机关（中华全国总工会）、第一个培养农民运动干部的学校（广州农民运动讲习所）、第一个省级农民协会（广东省农民协会）、第一个城市红色政权（广州苏维埃政府）都产生于越秀区，可以说越秀区是中国共产党在广州早期革命活动的中心。

广州早期共产主义在这里传播，工人运动在这里风起云涌，农民运动在这里蓬勃发展。

在大革命前后产生的革命遗址，有杨家祠（杨匏安故居）、《新青年》杂志社南迁广州旧址、中共广东支部成立旧址、中国劳动组合书记部南方分部旧址、曾家祠堂、中共三大会址、春园、国民党一大旧址、第一次全国劳动大会旧址、广州各界联合反对沙面苛例大会旧址、人民公园、黄埔军校驻省办事处旧址、国民党中央党部旧址、广东妇女解放协会旧址、越南青年革命同志会和越南青年政治班旧址、中共广东区委员会机关旧址、团一大广场、省港罢工委员会旧址、中华全国总工会旧址、工农运动死难烈士纪念碑、叶家祠、大佛寺、广东省农民协会旧址、广州农民运动讲习所旧址、中共广东区委军委旧址、东较场、新亚大酒店等。

在土地革命时期产生的有北新书屋旧址、广州苏维埃政府旧址、观音山、广州起义烈士陵园、中共广州外县工委机关旧址等。

在全面抗战时期产生的有八路军驻广州办事处旧址、颐养院旧址、广东人民抗日游击队东江纵队（简称“东江纵队”）粤东游击队交通站旧址等。

在解放战争时期产生的有广州兄弟图书公司旧址、《华商报》驻广州办事处遗址、中共广州市委（特派员）旧址、中原行旧址、广州东亚酒店、中国人民解放军进城式检阅台旧址、广州解放纪念像等。

3. 独具特色的广州红色精神

广州是中国近现代民主革命的策源地和大革命的中心，在党的历史上有着举足轻重的地位和影响。这座英雄的城市所拥有的红色文化有着与众不同的独特魅力，主要体现在两个方面：

一是广州红色精神内涵丰富。在中国共产党领导的广州早期革命斗争中，有工人运动、农民运动、反帝反封建斗争、反军阀、反对国民党反对派的斗争。中国共产党所面临的革命情况复杂，斗争形式多样，造就了广州内涵丰富的红色精神。在中共三大会议中，中国共产党人在民族危难面前，为了实现民族复兴，愿意搁置纷争共商国是，生动体现出善于团结、开拓创新的伟大精神；在广州起义失败后，中国共产党人在挽救和探索中国革命道路上依然选择继续前进，深刻体现出革命乐观主义、屡败屡战的抗争精神；在抗日救亡运动中，以中国左翼文化总同盟广州分盟六烈士为代表的优秀党员，为了崇高的共产主义理想和人民的利益而壮烈牺牲，表现出强烈的救国救民抱负、敢于斗争和视死如归的革命精神；在敌人的诱惑和死亡威胁下，以广州培正中学教员陈黄光为代表的一批优秀共产党人勇于支援反“围剿”斗争，表现出不怕牺牲的大无畏精神。

二是广州红色精神具有鲜明的地域特色。广州红色文化积淀了富有岭南特色的敢为人先、勇于创新的文化特点。习近平总书记强调：“创新始终是一个国家、一个民族发展的重要力量，也始终是推动人类社会进步的重要力量。”勇于创新，是广州革命发展最鲜明的特征。在广州革命的发展历程中，无数共产党人前赴后继，生动诠释了广州敢为人先、勇于创新的革命精神。

从某一方面讲，广州的革命史就是在中国共产党创新思维的引领下，充分体现广州这座城市探索创新精神的生动实践。在中国革命史上，广州创造性地开辟了许多个“第一”。如中共三大会议开创了许多在中共历史上的“第一”：第一次转变中国共产党革命工作的任务，第一次建立国共革命统一战线，第一次完成中国共产党自身的制度建设，等等。这些“第一”体现了广州早期共产党人为实现民族独立和人民解放的伟大事业勇于探索创新的精神。

随着历史的变迁和时代的发展，红色文化的内涵和形式都在发生具有特定历史印记的变化，在革命实践中不断创新和完善具有爱国情怀、敢为人先、勇于创新特色的广州红色精神。

广州红色文化在中国革命史上具有重要地位

广州在中国革命史上尤其是中国共产党早期革命斗争实践中做出了巨大贡献，在中国革命史上有着举足轻重的地位和影响。

1. 广州红色文化在中国革命史上的重要意义

广州在中国共产党的历史上具有独特地位。从党的创立，尤其是1923年中共三大在广州召开，到1927年广州起义，这期间广州一直是中国革命的中心。广州在中国革命史上，尤其是中国共产党早期革命斗争实践中占据显赫地位。广州红色文化生成于新民主主义革命时期，是一种具有推翻强权与勇于斗争强烈象征意义的革命文化形态，在中国革命史上具有重要意义。

广州是中国工会运动开展最早、最发达的地区之一。20世纪20年代，广东工人运动日益高涨。为了加强工人运动的领导，中共中央决定在广州组建中华全国总工会，将其作为全国统一的工会领导机关，领导全国工人运动。1925年上海五卅惨案发生后，广州、香港为声援举行反帝爱国运动，在中国共产党和党领导的中华全国总工会组织领导下，成立省港罢工委员会，省港大罢工成为国际工运史上坚持时间最长的一次罢工，沉重地打击了帝国主义，在中国乃至世界工人运动史上写下了辉煌的一页。1925年，中共中央在广州召开第二次全国劳动大会，大会揭开全国第二次工人运动高潮的序幕，并宣告成立中华全国总工会。中华全国总工会成立后，大力发展工会组织，创办工人学校，培训工人干部，组织工人支援统一广东革命根据地的战争和北伐战争等。为了支援北伐战争，中华全国总工会派出特派员到全国各地进行组织和统一工会工作，各地工人遵照全国总工会的号令，纷纷成立总工会。1926年，中华全国总工会筹办了中国第一所培养工人运动干部的学校——劳动学院。1926年6月至1927年4月，劳动学院在广州开办三届，为中国革命培养了大批干部。

大革命时期的广州汇聚了一大批中国共产党早期重要领导人，也造就了中国共产党历史上的众多先驱人物，成为引领中国革命走向辉煌胜利的先进典范。中国共产党在广州领导了许多革命活动和斗争，同时党中央许多领导人和著名活动家都曾在广州活动过。如毛泽东、周恩来、刘少奇、叶剑英、聂荣臻等都在广州工作过。在第一次国共合作时期，为培养农民运动骨干力量，彭湃、阮啸仙、毛泽东等共产党员创办或主持农民运动讲习所；最早参加共产国际工作的中共党员张太雷领导广州起义；周恩来出任黄埔军校政治部主任；等等。

广州创造性地开拓中国革命新局面，成为引领中国革命走向新境界的起点。广州起义是在城市建立苏维埃政权的大胆尝试，是中国革命历史新的实践与新的创造，成为中国共产党单独领导革命战争与创建红军、实行武装斗争的伟大开端。广州起义是中国共产党和中国人民继南昌起义、秋收起义之后对国民党反动派进行的又一次积极而英勇的反击，尽显广州人民在抗战中的勇于担当的英雄气概。习近平总书记在庆祝中国人民解放军建军90周年大会上的讲话中指出，南昌起义连同秋收起义、广州起义及其他地区的武装起义，标志着中国共产党独立领导革命战争、创建人民军队的开端，开启了中国革命新纪元。广州起义是三大起义中最后爆发的，在中国革命从大革命失败的危机中，实现向土地革命的转变，发挥了重要的历史作用。

广州在新民主主义革命时期，不断实践和探索组建政党，创建和发展了大量的各级党组织。在新民主主义革命时期，为了适应复杂的斗争形势和异常艰险的环境，广州创建和发展了各级党组织、青年团组织、军事组织、政权组织、统一战线组织和群众团体等。如广东共产党早期组织是中国共产党在国内最早建立的六个地方组织之一，成立了广州共产党组织，是中国共产党的重要组成部分。此外，广州还成立了中国共产党地方军事机构（中共广东区委军事运动委员会）、中国共产党地方纪检监察机构（中共广东区委监察委员会）等。

2. 广州红色文化的当代价值

广州红色文化彰显了广州这座英雄城市的深厚革命底蕴，是广州文化的重要组成部分。弘扬广州红色文化，深化人们对红色文化的理解，把握广州红色革命的发展历程和价值内涵，有助于发挥红色精神引领与价值引导作用，充分发挥广州历史文化名城资源优势，推动实现城市文化综合实力出新出彩。

弘扬广州红色文化，有助于推进新时代党的建设。中华民族复兴之路离不开中国共产党的引领。红色文化是马克思主义与中国革命实践相结合而形成的先进文化，体现了中国共产党人鲜明的思想品格，对马克思主义、社会主义、共产主义的坚定信仰，是中国共产党宝贵的精神财富。广州红色文化承载着早期中国共产党人为中国人民谋幸福、为中华民族谋复兴的初心使命。弘扬广州红色文化，深刻阐释和汲取广州红色文化体现出来的理想信仰、价值追求、思想品格、精神风貌等，能够增强党员群众对党的领导的思想认识和情感认同，对于坚持和加强党的领导具有十分重要的意义。

弘扬广州红色文化，有助于推动广州城市建设不断向前发展。广州作为超大型城市，在新一轮高质量发展过程中，要高水平走在全省全国前列，在创造新的辉煌中当好排头兵，更加需要坚定中国特色社会主义文化自信。在长期的革命、建设和改革开放历程中，理想信念一直是支撑共产党人奋斗实践的精神动力，文化自信一直是支撑民族复兴的强大精神力量。红色文化承载着中国共产党人的初心使命和理想信念，是实现民族独立和人民解放、实现国家富强和人民幸福的精神引领。广州红色文化具有鲜明的爱国情怀、敢为人先和勇于创新的文化品格，充分发挥红色文化的精神引领和价值引导作用，有助于凝聚广州人民的奋斗力量，激发广州人民的创造力，推动广州国际大都市建设不断向前发展。

弘扬广州红色文化，有助于充分发挥广州历史文化名城资源优势。习近平总书记多次强调，要把红色资源利用好、把红色传统发扬好、把红色基因传承好。在党的十九大报告中，习近平总书记提出，要“继承革命文化，发展社会主义先进文化，不忘本来、吸收外来、面向未来，更好构筑中国精神、中国价值、中国力量，为人民提供精神指引”。广州的发展是民族奋进历史的见证，纵观近现代历史发展脉络，在中华民族每一个大的历史时期，广州从来没有缺席过，不断在时代前进的潮流中推动着民族的进步。因此说，广州是一座具有光荣革命传统、厚重红色文化的英雄城市，在中国共产党的领导下开创了民主革命新局面，留下了一处处带有革命烙印的红色史迹。这些红色资源是广州历史文化名城和文化强市建设的重要资源。弘扬广州红色文化，有助于人们对革命先辈的崇高精神有更深入的理解，更好地领悟广州的红色基因和红色精神，充分发挥广州历史文化名城资源优势，擦亮广州“近现代民主革命策源地”的品牌。

弘扬广州红色文化，有助于建设文化强市、推动实现城市文化综合实力出新出彩。习近平总书记在广东视察时，明确要求广州要实现老城市新活力，在综合城市功能、城市文化综合实力、现代服务业、现代化国际化营商环境方面出新出彩。实现老城市新活力、“四个出新出彩”，是广州的使命所系、发展所需，也是中国发展大局中的广州担当。将广州红色文化融入当前广州文化建设当中，可以增强城市发展的文化底蕴，提高城市内在文化品质，对于进一步提高广州综合实力、提升广州文化内涵具有重要意义。

第二章

广州红色人物群英谱

许多革命伟人曾在广州这片土地上战斗、工作过，在广州革命史上也曾涌现出无数为革命而终生奋斗、壮烈牺牲的革命志士。本章选取部分在广州革命史上具有重要影响的红色人物，讲述他们在广州的革命事迹，传承和发扬革命先辈不怕牺牲、艰苦奋斗的伟大精神。

传播马克思主义的知识分子与广州共产党早期组织领导人

20世纪20年代，陈独秀、杨匏安等接受了新思想的知识分子对早期马克思主义在广州的传播做出了很大贡献。广州本地知识分子如谭平山、谭植棠等人也对推动马克思主义在广东地区的传播起了很大作用。他们创办的《广东群报》更是成为广东地区传播马克思主义的舆论主阵地。在陈独秀等先进知识分子的努力下，广州掀起马克思主义研究热潮，并成为华南地区马克思主义传播中心，使得马克思主义在广州的传播终成燎原之势。通过在广州成立早期党组织，并和工人运动、农民运动及其他群众运动紧密结合，最终掀起了革命的热潮。他们在逆境中发声，不畏艰难险阻，为了传播马克思主义而四处奔走，殚精竭虑，展现了共产党人锲而不舍、追求真理的革命精神。

陈独秀

陈独秀是新文化运动的倡导者、发起者和主要旗手，“五四运动的总司令”，中国共产党的主要创始人之一和党的早期主要领导人，也是广州共产党早期组织的主要创始人。

1920年8月，陈独秀在上海创立党组织后，随即与谭平山、谭植棠、陈公博等人取得联系。谭平山等人当时正在广州准备出版《广东群报》，在筹办过程中，他们写信给陈独秀，征询其意见。很快，陈独秀就回信表示支持和祝贺，他在信中提到，希望《广东群报》能“继承历史传统，激流勇进，以为民先驱的精神，肩任开发民智的重任，扫除旧社会一切陈规陋俗”。《广东群报》出版后，陈独秀又在第一期上发表了《敬告广州青年》，文中，陈独秀鼓励广州青年“做贫苦劳动者的朋友，勿为官僚资本家佣奴”。[1]同年12月5日，当时的粤军总司令陈炯明邀请陈独秀前往广州主持广东省教育委员

陈独秀

① 中共广州市委党史研究室编：《广州党史资料（第二辑）》，广州出版社，2014年版。

会工作。随后陈独秀前往广州，以广东教育委员会的身份进行公开活动。陈独秀抵达广州后，很快就在《新民国报》上发文宣传新教育思想，他指出："新教育是注重在改良社会，不专在造成个人的伟大。"他提出改革教育计划的三大纲，即未成年教育、成年教育、专门教育，要建立全面的教育系统，对人才从小到大进行培养。主张普及幼儿园、中小学教育，强调创办大学。[①]1921年1月，陈独秀委任袁振英为广东省立第一中学校长，并支持开创男女同校的中学。这一举措受到当时守旧派人士的强烈反对。在陈独秀的鼓励下，袁振英与守旧派辩论并取得胜利。由此，广州在陈独秀的支持下开办了第一所男女同校的中学，并逐渐影响全国。

当时陈独秀在广州的主要活动是大力宣传马克思主义，建立广州地方早期党组织。他领导改版了《广东群报》版面，公开介绍上海《共产党》月刊每期要目，并在《广东群报》上大量转载刊登包括他本人在内的李大钊、李达、谭平山、陈望道、沈雁冰、李季、瞿秋白等理论先驱的文章，同时加大了《广东群报》对各国共产党情况的报道。上海《新青年》杂志社也搬迁到广州昌兴路26号。广州党组织成立后，《广东群报》被确定为党组织的机关报，这是中国共产党创立时期第一张大型地方党报。陈独秀和谭平山等人联系密切，时常在住所里商讨建立广东共产党的问题。陈独秀当时住在太平沙的一个弄堂里，在楼上可以看见白云山，因此他自署看云楼。这个住处是个不设防的场所，什么人都可以随时去看他，他也什么人都接见，一天到晚总有人来来往往。陈独秀在广州期间经常到各类学校发表演说，他运用马克思主义和唯物主义的理论，阐明了社会主义、教育、劳动运动、人生观、妇女解放等问题。此外，他还在《新青年》《民国日报》等报刊上发表了大量文章。

1921年1月，陈独秀把他起草的党纲交给谭平山等人讨论，在得到他们的赞同后，陈独秀等人开始着手建立新的共产党组织。广州共产党组织就此成

---

① 陈独秀：《新教育是什么？》，《广东群报》1921年1月3日。

立，最开始陈独秀担任书记，后来由谭平山继任。1922年3月14日，在陈独秀的指导下，广东社会主义青年团正式成立，当时广东省有团员500多人，是全国团员人数最多的地区。

1921年初，陈独秀以广东省教育委员会的名义设立创办了广东省立宣讲员养成所（简称“养成所”）。养成所的主要工作是培养具有共产主义理论知识的人才及向广大工农群众传播马克思主义知识的宣传员。陈独秀从广东省教育委员会拨款作为养成所经费，并委任陈公博为所长，谭植棠为教导主任，谭平山、杨章甫等人都是教员。养成所当时共招收各地学员100多人。同时，陈独秀还创办了注音字母教导团，亲自负责授课，学员主要是广州的中小学教师。后来陈独秀主持成立了马克思主义研究会，目的是帮助广大青年学习研究马克思主义理论，除党小组成员外，还吸收了一批中、高等学校学生参加。

为推动工人运动和青年运动的发展，1922年5月1日中共在广州召开第一次全国劳动大会，陈独秀出席并在会上发表演讲《劳动节的由来与意义》，号召工人团结起来，组织工会，进行斗争。5日，他又参加了中国社会主义青年团第一次全国代表大会，并在会上发表演讲《马克思的两大精神》，指出马克思具有“实际研究精神”和“实际活动精神”，“社会主义青年团就是根据马克思的学说而成立的”。

为了商讨国共合作问题，陈独秀于1923年3月第二次前往广州，中共中央机关也随之迁往广州。在此期间，陈独秀一边筹备召开中共三大，一边协助孙中山改组国民党。同年6月10日至20日，中共第三次全国代表大会在广州召开。会上，陈独秀做了第二届中央执行委员会工作报告，着重强调国民革命的重要性，原则上主张全体党员加入国民党，在国民党内积极工作；共产党应该领导工农群众，成为国民革命中的一个强大的左翼。陈独秀还提出在国民党内组织中共党团，以保持中共党员在国民党内的一致主张和行动的提案，获得一致通过。而且此次大会还选举通过了以陈独秀为委员长的中央领导机构。[1]

陈独秀是中国共产党早期历史上的杰出人物，是党的主要创始人之一，从党的一大到五大一直是党的主要领袖。他前半生对推动中国革命前进做出过重要贡献，即使到了晚年穷困潦倒，他仍然十分关心抗战的情况，力所能及为抗战宣传。这种为国为民的爱国主义精神是值得肯定的。

★ 杨匏安

杨匏安是中国共产党早期杰出的革命家和理论家，也是五四时期华南地区新文化运动和中国最早传播马克思主义的先驱，被称为华南传播马克思主义第一人。

杨匏安在日本留学期间，初步接触了西方各流派的学说和社会思潮。归国后在广州时敏中学任教，兼任《广东中华新报》的记者。《广东中华新报》是当时广州规模较大、影响较广的报纸，杨匏安从1918年起在上面发表了大量介绍西方各流派学说的文章，为华南地区的新文化运动做了开创性的贡献。1919年7月12日起，他在《广东中华新报》的《通俗大学校》专栏上连续19天发表介绍世界各种思想流派的《世界学说》，其中篇幅最长、最有影响力的《马克思主义》一文是华南地区最早系统介绍马克思主义的文章。文中，杨匏安称赞《资本论》是“社会主义圣典”，公开指出“现在之社会状态，实劳动者奋起革命，以求改造之时期也”。这篇文章的发表也标志了杨匏安从革命民主主义者向马克思主义者的转变。

1921年，杨匏安加入中国共产党，积极投身到宣传马克思主义的工作中。1922年，杨匏安在《青年周刊》上发表了《宣言》，公开宣告：“我们最服膺马克思主义。”《宣言》已经注意到马克思主义必须和中国革命实际

---

① 刘子健：《陈独秀三赴广州对创建中共的贡献》，中共广州市委党史文献研究室网站，2020年5月15日。

相结合，提出了“我们尤其注重的，是农民运动”。[1]随后，他又发表了《马克思主义浅说》，以更加系统的方式阐述了马克思主义，对当时的青年人摈弃错误思潮、追随革命真理起了重要作用。

同时，杨匏安积极从事工人运动。他先是到广州石井兵工厂，在工人群体里组织名为“十人团”的秘密团体，发动工人开展政治斗争。杨匏安曾任广三、广九和粤汉铁路局广州分局编辑主任，他利用工作之便，深入铁路工人中，向铁路工人宣传革命道理，从中培养和吸收了一批工人入党。他还建立粤汉铁路黄沙段党支部，并当选党支部书记。1923年，他在广州海傍街开办了北江商运局，掩护党在粤汉铁路工人中的活动。1925年6月，杨匏安同邓中夏、杨殷等人在香港发动工人罢工。为了解决工人们的后顾之忧，他向工人保证，罢工工人回到广州后，由政府解决交通、食宿等问题。在杨匏安等人的努力下，震惊世界的省港大罢工爆发了。

中共三大在广州召开之后，杨匏安出任共产党在国民党的党团书记。杨匏安十分注重与国民党左派人士合作，他与左派领袖廖仲恺感情深厚。1925年廖仲恺在广州被暗杀，为了查出真相，捉拿真凶，杨匏安出任“廖案”特别委员会和特别法庭的审判员，执行审讯嫌犯的工作。当时国民党右派极力反对国共合作，对于他们破坏国共合作的言行，杨匏安总是予以强有力的驳斥，并在实际工作中进行坚决的回击。对于伪装成左派的蒋介石，杨匏安也早有警觉，他曾说过：“蒋介石是滑头仔！”1926年中山舰事件后，针对蒋介石破坏革命统一战线的行为，杨匏安召集并出席第二次广东省农民代表大会，并在会上提出在农民运动中应警惕国民党右派的阴谋，坚决斗争。

杨匏安作为广州共产党早期组织的领导人之一，又是国民党中央的领导成员，难免会遇到亲戚朋友为了谋取利益带着礼物求上门之类的事情。但他坚持原则，对送来的礼物一律退回去，可谓严于律己，作风清正。

1931年7月，杨匏安在上海被国民党反动派逮捕入狱。在狱中他始终信仰

---

① 张玉英：《杨匏安》，中华英烈网，2013年10月28日。

坚定，对蒋介石的劝降置之不理，最后被下令枪杀，年仅35岁。临刑前，他留下了感人肺腑的《死前一夕作示狱友》：

慷慨登车去，相期一节全。
残生无可恋，大敌正当前。
知止穷张俭，迟行笑褚渊。
从兹分手别，对视莫潸然。

杨匏安为推动马克思主义在华南地区的传播，以及巩固国内革命统一战线做出了重要贡献。在复杂的形势环境中，他始终坚持以马克思主义为自己的行动纲领，体现了共产党人坚持真理、为中华民族奋斗终生的革命精神。他虽然在国共两党均有官职，但却立身清正，为官清廉，坚贞不渝，充满革命热情和爱国主义情怀，留给后人以清贫自守和对党忠诚的革命形象。

★ 谭平山

谭平山，广东高明人，是中国近代史上著名的民主革命家，他在陈独秀的帮助下建立中共广东支部，在第一次国共合作、农民运动和南昌起义中都发挥了重要作用。

1909年，谭平山进入两广优级师范学堂（1912年改为广东高等师范学校），在校期间加入了孙中山领导的同盟会，开始投身反对清政府的活动。1917年，谭平山考入国立北京大学文科哲学系，在北大期间，谭平山加入了李大钊等人组织的马克思主义研究会、新闻学研究会等组织。1920年7月，谭平山从国立北京大学毕业，回到广州，在广东高等师范学校任职，同时开始和陈公博、谭植棠等人筹备创办《广东群报》。同年8月，谭平山等人在广州组织成立了广东社会主义青年团。12月，陈独秀受邀来到广州，谭平山等人得知后马上与陈独秀取得联系，登门拜访，与陈独秀讨论建立广东共产党组织的问题。在筹建广东党组织过程中，他们与广州无政府主义者展开了一场尖锐的斗争。谭平山经常深入到受无政府主义思想影响较深的工人当中，与无政府主义者辩论，鼓励工人团结战斗，建立革命政权。1921年初，经过谭平山等人的共同努力，成立了广东共产主义小组，谭平山任支部书记。同年，谭平山就任中共广东区委执行委员会书记和中国劳动组合书记部广州分部主任，成为广州早期党组织的主要领导人。

1922年5月，第一次全国劳动大会在广州召开，谭平山出席会议并当选为工人主席团成员。随后他又出席了在广州召开的中国社会主义青年团第一次全国代表大会。同年6月16日，陈炯明叛变，谭平山在党中央的指示下离开广州前往北京警监学校工作，直到1922年8月下旬才回到广东。

1923年，谭平山作为中共广东区委书记、中共中央驻粤代表，协助孙中山改组国民党，并于同年11月被任命为国民党临时中央执行委员会委员，负责处理国民党改组事宜。次年1月，谭平山参加了在广州召开的国民党第一次全国代表大会，并当选为改组后的中国国民党中央执行委员会委员和组织部部长。他借助这一身份积极协助孙中山确立“联俄、联共、扶助农工”的三大政策，促进了国共合作，并通过这一身份发展进步势力，先后选拔和推荐了共产党员杨匏安、彭湃、罗绮园、冯菊坡、刘尔崧、高恬波等人在国民党任职。1925年1月，谭平山参加了中国共产党第四次全国代表大会，继续当选为中央执行委员会委员，并担任中共驻国民党党团书记。同年5月，中共中央决定在广州、北京两地分别设立临时委员会，广州临时委员会由谭平山、周恩来、罗亦农、陈延年和鲍罗廷组成，负责处理紧急事宜。

1926年2月21日，谭平山前往北京参加中共中央特别会议。在此期间，蒋介石制造了中山舰事件。当谭平山回到广州时，国民党右派势力已经在广州政局中占了上风。5月15日，国民党召开二届二中全会，通过了蒋介石提出的《整理党务案》，规定共产党人不得占超过中央委员总数的三分之一，中央各部长不得由共产党人担任。会上，谭平山作了《关于南北政治的报告》予以回击。尽管谭平山进行多方面的努力反对国民党右派的阴谋，但是局面已经无法挽回，于是他离开了国民党中央组织部和秘书处，但仍然以中央执行委员会常委的身份活动。同年7月，他返回广州，协商处理有关两党纷争的各种重要事件。

1927年8月1日，谭平山参与领导了南昌起义，由于他参加了南昌起义，国民党于8月8日开除了他的国民党党籍。同年11月，中共临时中央政治局扩大会议通过了《政治纪律决议案》，处分了一批党内干部，谭平山也受到了严厉的处分，被错误地开除党籍。1937年抗战全面爆发后他回到武汉，投入全民抗日救亡运动。

谭平山参与组织领导了中华革命党、三民主义同志联合会、中国国民党革命委员会等组织。中华人民共和国成立后，谭平山历任中央人民政府委员，政务院政务委员和政务院人民监察委员会主任，全国人民代表大会常务委员会委员，全国政协委员，中国国民党革命委员会中央委员、常务委员和副主席等职。1956年4月2日，谭平山在北京病逝。

谭平山为巩固和发展爱国统一战线，实现祖国的统一殚精竭虑。他努力团结和发展进步势力，为建立社会主义新中国做出了历史贡献，是一名有民族感的革命者和爱国主义者。谭平山曾写下“爱国、为公、奋斗”的家训教育子女，由此可见其根植于心的爱国情怀。他终生致力于追求民族独立，虽然曾经被错误开除党籍，但他始终没有放弃为全民族的解放而战斗，并一生追求民族独立和祖国富强。

★ 谭植棠

谭植棠是中国共产党广东组织的创建者和领导者之一，著名的“三谭”之一。1918年谭植棠考入国立北京大学文学系。当时在国立北京大学工作的陈独秀、李大钊等人在十月革命的影响下，较早接受了马克思列宁主义。他们创办《新青年》杂志，宣传十月革命和马克思列宁主义的先进思想。在北大求学的谭植棠也因此受到熏陶，加入了李大钊组织的马克思主义研究会。

同时，他还参与了北京学生联合会的工作，也是在这个时期他接受了大量马克思主义教育，思想上逐步完成了从民主主义到共产主义的转变。

1920年从北大毕业后，谭植棠回到广州工作，在国立广东法政学校任职，并兼授中山大学（时名国立广东大学）、执信中学（时名私立执信学校）等学校的部分课程。谭植棠深刻意识到革命必须依靠广大人民群众，因此在北大毕业前就与谭平山、陈公博等人商议在广东筹办报社创办刊物，也就是后来的《广东群报》。谭植棠任报社副编辑，他在创刊号上发表了《怎样才能够发展人类的群性？》一文，提出："最终必须联合万国的劳动者，去主张自己的权利，铲除一般资本家、军阀派和一般不工作、不劳动、专分利的寄生虫。按着平等自由的原则，共同生产，共同消费。这就是我提倡团结的真目的，才是发展人类群性的好方法。"随后，他又发表了《论国史教育》一文，运用马克思主义的辩证唯物主义和历史唯物主义观点分析当时的国情，具备较高的教育意义。1920年冬天，陈独秀来穗的消息令谭植棠大感振奋，他与谭平山、陈公博等人经常拜访陈独秀，共同讨论在广东建立党组织的问题。1921年，中国共产党广东支部正式成立，谭植棠就任广东支部的宣传委员，并在宣讲员养成所任教育主任，讲授反帝、反封建课程。

谭植棠在广州工作期间，曾多次写信劝诫老家的亲戚把土地廉价卖给租户或送给他们。有一次他问女儿谭志英："志英，你说少数人过美好生活，还是大家都能过美好生活好呢？"女儿回答："当然是大家都过美好生活好！"他于是说："爸爸现在就是做着让大家都能过好生活的工作。"

1925年到1926年，谭植棠是中共广东区委主席团的成员之一，主要负责农民运动和统战工作。在广东区党委的推动下，国共合作举办的农民运动讲习所于1924年7月在广州正式开学，谭植棠任第四届主任。当时广州时局紧张，滇军总司令杨希闵和桂军总司令刘震寰正密谋颠覆广东革命政府。为了保证学生安全，谭植棠决定暂时将全体学生分别派遣回籍，直到7月1日才复课。部分学生因为交通不便等无法回校，谭植棠便又扩招了25名旁听生。这批学生从农讲所毕业后奔赴全国各地参加农民运动，成为农民运动的骨干。这一届农讲所在开办过程中由于外部环境斗争激烈，可谓困难重重。但谭植棠不畏艰难，努力完成了党交给他的任务。他除了日常工作外，还负责教授共产主义与共产党这门课程，并经常与学生进行交流，关心他们的学习生活，深受学生爱戴。

1925年，为了大力支援省港大罢工，中共广东区委成立了广东省各界对外协会，谭植棠出任协会主席，负责组织和团结各界同胞一同支持省港大罢工。7月24日，谭植棠向全国发出通电号召："全国各界一律起来……反抗帝国主义，达吾民族平等自由之目的。"随后，广东又成立了中国济难会广东总会筹备会以支援工人斗争，谭植棠被推选为主席。谭植棠为中国济难会广东总会的成立做了大量工作，他召开各界援助罢工周大会，并在会上提出"维持罢工的胜利就是维持革命，维持广东的胜利"，对省港大罢工的胜利起了积极的作用。同年9月，谭植棠就任广东各界扩大对英经济绝交委员会主席，并在罢工代表大会上做报告。报告对扩大反英斗争、转变罢工斗争政策的必要性和重要意义做了详细的阐述，坚定了工人们取得反帝斗争胜利的信心。

常年繁重的工作压垮了谭植棠的身体，但他仍全心投入革命工作。1926年，他带病参加群众大会，在会上发表演说时，国民党特务恶意引起会场骚乱，由于当时没有扩音设备，谭植棠不得不提高音量继续演说。由于情绪过度激动，他突发肺病，当场吐血晕倒。此次事件后，他的身体难以恢复，长期卧病在床。恰逢蒋介石叛变革命，广东形势紧张，组织为了保证他的安全将他撤离广州。在组织的帮助下，谭植棠由其家人接回家乡躲避敌人的追捕。回到家乡后，在家人的看护下，他的病情有所好转，能够下床走动。身体状况刚有好转，谭植棠就迫不及待地投身革命工作，向乡间群众传播革命思想。在此期间，他与党组织失去了联系，但他仍坚持党的工作，努力寻找党组织。通过坚持不懈的寻找，他终于和广东党组织取得联系。1945年1月，他向东江游击区党组织提出恢复他党组织生活的请求。在对他过去的生活进行审查后，同年10月党组织正式同意了他的请求。[①]谭植棠的政治生涯几经波折，蒙受许多苦难。1952年，谭植棠病逝。

谭植棠在生活中一直保持共产党员艰苦朴素的本色，坚守道德情操，临终前留给儿女的遗产只有五件：一本自己装订的《毛泽东著作》、自传一份、私章一枚、旧绒衣一件和须刨一个。尽管一度失去与党组织的联系，他始终一心向党，他重视开启民智，致力于向群众传播马克思主义，展现了共产党人百折不挠的优秀品质。

★ 蔡和森

蔡和森最早提出“正式成立一个中国共产党”，并系统阐述了有关建党的理论、路线、方针，是党的创始人之一。他曾任中共中央代理秘书长、中共中央宣传部部长和中共两广省委书记，是党早期卓越的领导人和工人运动领袖。

1913年，蔡和森进入湖南省立第一师范学校学习，在校期间他结识了同在这所学校学习的毛泽东，两人成为至交。毕业后，蔡和森和毛泽东曾到湘阴等八个县了解农民经济政治状况。1918年，蔡和森赴北京拜访李大钊，从而初步接触到了马克思主义，并参加了少年中国学会。1919年10月，他前往法国留学，并与周恩来、赵世炎等建立了中国共产党旅欧的早期组织。在国外留学期间，他曾先后写信给毛泽东、陈独秀，指出“社会主义真为改造世界对症之方，中国也不能外此”。他还提出共产党必须以马克思主义作为指导思想，党必须联系群众，党员应分布于工厂、农村、学校，成为一切群众运动的组织者和领导者。

1921年，蔡和森回国后，通过陈独秀等人的介绍，在上海加入了中国共产党。1922年5月，蔡和森积极参与筹备在广州召开的第一次全国劳动大会，

---

① 中共广州市委党史研究室编：《广州党史资料（第一辑）》，广州出版社，2014年版。

并撰写了《中国劳动运动应取的方针》一文。他在文中指出“只有根本推翻资本主义的私有财产制”才是劳动运动的根本目的。随后他在广州参加了中国社会主义青年团第一次全国代表大会。在团一大上，蔡和森简要介绍了法国留学生和法国青年学生的革命活动情况，对中国青年运动的发展方向提出了建议。会上，他当选为第一届青年团中央执行委员。团一大之后，他积极投身到青年运动中，鼓舞青年人参加革命。此外，他还负责主编团中央的机关报《先驱》。

1923年6月，蔡和森参加在广州召开的中共三大。会上，他提出当时中国共产党党员数量太少，只有与国民党合作，才能开展反帝反军阀斗争，夺取革命胜利。中共三大上，蔡和森当选为中共中央委员。1925年他参与领导了五卅运动。

1931年初，蔡和森被派往广东担任中共两广省委书记。5月，他从上海出发前往香港。同年6月10日，他出席香港海员会议，被叛徒顾顺章等便衣特务逮捕，随即被港英政府引渡到广州。狱中，蔡和森受到严刑拷打，但他宁死不屈，拒不投降。8月4日，蔡和森在广州英勇就义，年仅36岁。

蔡和森用他年轻的生命践行了“忠诚印寸心，浩然充两间”的誓言。他在复杂的形势中探索救国救民的道路，无论遭到任何困难和打击，他都坚定地把党的利益放在第一位，坚决服从党的安排，坚持革命斗争。他心怀坚定的理想信念，展现了信仰坚定、对党忠诚的担当精神，上下求索、敢为人先的创新精神，不改初衷、追求真理的斗争精神，和英勇无畏、视死如归的牺牲精神。

广州地区党组织领导人

随着广东地区党组织的发展壮大，原广州地委改组扩大为广东区委，是其时管辖范围最广、党员人数最多的中共地方领导机关之一。1927年4月，为了应对急剧变化的局势，广东区委决定成立中共广州市委。广东区委和广州市委是广州革命的重要领导机构，成立期间涌现出一批以陈延年等人为代表的杰出党组织领导人，为广州地区党组织的发展壮大做出了巨大贡献。虽然中共广东区委和广州市委等广州地区的早期党组织存在时间不长，但对整个广东地区乃至华南地区的革命都产生了重要影响。早期广东地区党组织领导人在严峻的形势中与敌人不断斗争，许多人为了革命而献出了自己年轻的生命。他们的一生正是共产党人为了民族解放、人民幸福而战斗不息、死而后已的真实写照。

陈延年

陈延年是陈独秀长子，中共早期领导人之一。陈延年曾先后担任中共广东区委书记、中共江浙区委书记、中共江苏省委书记等职。1915年，陈延年和二弟陈乔年前往上海，最初在同济大学学习法语，1917年考入震旦大学攻读法科。1919年，陈延年前往法国留学。在法国留学期间，陈延年逐渐意

陈延年

识到无政府主义的错误导向，并阅读了《共产党宣言》《社会主义从空想到科学的发展》等大量马克思主义著作，逐渐对马克思主义学说有了进一步了解。与此同时，他通过和周恩来、蔡和森、赵世炎等人的深入交往，对社会革命有了切身感受。他放弃原本的无政府主义信仰，转而信仰马克思主义。1922年，陈延年加入法国共产党，不久转为中国共产党党员。1923年3月，党组织送陈延年、赵世炎等人到莫斯科东方劳动大学学习。

1924年夏，由于急需大批干部回国开展革命斗争，党中央决定抽调旅俄旅法的同志回国工作。同年10月，已经回国的陈延年在党中央的指示下前往广州，参加团粤区代表会议，主持团粤区执委改组工作。11月，陈延年任中共广东区委秘书。1925年1月，中共四大召开，陈延年当选执委会主席团成员，并任广东区委书记。当时，广东地区党组织成立不久，广东区委的党员和干部人数不多，组织机构不够健全。陈延年首先扩大了广东区委组织机构，并将区委机关由万福路一间狭窄的房子迁至文明路。在陈延年的领导下，广东区委机关逐步充实，设立秘书处、组织部、宣传部、工人部、农民部、妇女部、军事部、学生运动委员会和监察委员会等机构。在广东工作期间，陈延年派遣大批同志分别奔赴香港、广西、福建南部开展革命活动，发展党员，建立党的组织。在不到两年时间里，党的组织迅速在广东各县、香港、广西和闽南建立起来，党员数量从原有的几百人发展到5000多人，占当时全国党员总数的三分之一左右。

陈延年十分重视工人运动，他在《民族革命与工农阶级》一文中指出："革命运动中只有最受资本帝国主义与军阀压迫的阶级是最能革命的阶级，这个最能革命的阶级就是工人与农民。"初到广州，陈延年便深入到人力车夫中，了解他们的生存现状和思想状态。他和工人们交朋友，拉家常，还学拉黄包车。遇到有工人生病或有事不能出车，陈延年就主动帮忙，拉车挣回的钱也全部交给工人。他向工人讲革命道理，启发他们的觉悟，还动员大家团结起来，用集体力量来反抗黑社会的敲诈勒索和警察的欺负。在陈延年的协助下，广州人力车夫迅速组织起来成立工会，会员达数千人，成为广州工人反帝反封建斗争的重要力量，在后来的省港大罢工和广州起义中发挥了骨干作用。

陈延年还十分重视黄埔军校中党的工作。1925年1月，周恩来和陈延年决定将学生中原党支部扩大为中共黄埔军校特别支部，直属广东区委领导。同时成立了以共产党员蒋先云、陈赓、左权等为骨干的青年军人联合会，以团结左派革命军人。同年11月，周恩来和陈延年决定组建海陆军大元帅府铁甲车队。为保证党对这支革命武装的领导，周恩来、陈延年从黄埔军校毕业生中抽调一批共产党员到铁甲车队工作，并动员一批工人农民和进步青年到铁甲车队当兵，使铁甲车队实际上成为党组织掌握的第一支革命武装。随后，在铁甲车队的基础上，周恩来、陈延年等商定，从黄埔军校毕业生中再抽调一批共产党员和共青团员作为骨干，建立了著名的叶挺独立团。

1925年上海五卅惨案发生的第二天，陈延年主持召开广州市党团员大会，决定迅速发动群众进行反帝斗争，声援上海人民。随后，陈延年又主持广东区委会议，决定发动香港和广州沙面租界工人大罢工。同年6月23日，陈延年亲自参与组织领导广州十万群众反帝大示威。但游行队伍遭到沙面租界英军机枪扫射，示威群众死伤众多，这就是震惊中外的沙基惨案。惨案发生当晚，陈延年召开了区委紧急会议，研究对策。会议决定扩大罢工，组织罢工工人纠察队，全面封锁香港。陈延年经常到省港罢工委员会了解情况、指导工作。为了激励罢工工人的斗志，陈延年在一次大会上慷慨陈词："我们罢工不仅是为我们工人阶级利益而奋斗的；也为全体同胞，全国人民反对帝国主义，争取解放而斗争！"[①]省港大罢工从1925年6月开始，到1926年10月结束，坚持长达16个月之久，是中国乃至世界工人运动史上规模最大、坚持最久、影响深远的一次罢工。

在国共合作的国民革命运动中，以陈独秀为首的党中央面对国民党右派的进攻，采取了妥协退让政策。陈延年坚决反对，他以中共广东区委的名义

① 聂红琴：《陈延年：中共江苏省委首任书记》，《唯实》2018年第2期。

报告党中央，要求中央坚决抛弃对国民党右派的妥协退让政策，并表示虽然自己和陈独秀是父子关系，“但我是共产党员，我坚决反对妥协退让的右倾机会主义错误”。

1927年6月，陈延年任中共江苏省委书记。6月26日，陈延年遭到国民党军警逮捕。在狱中，敌人对陈延年施以酷刑，企图从他口中得到关于党组织的消息，但他宁死不屈。1927年7月4日晚，陈延年被敌人残忍杀害，牺牲时年仅29岁。

陈延年思想深邃、意志刚强，有“小列宁”之称。毛泽东赞扬他为“不可多得的人才”。他为革命而斗争到生命的最后一刻，面对敌人的迫害，他高呼：“革命者光明磊落，视死如归，只有站着死，决不下跪！”[①]行刑的刽子手把他往地上按，他一跃而起，如是反复再三，展现了共产党人钢铁般的意志和视死如归的革命精神。

★ 吴毅

吴毅，曾任第一任中共广州市委书记。

1923年，吴毅考入万县省立第四师范学校，并受当时在校执教的共产党员萧楚女的影响，学习马克思主义。在校期间，他通过萧楚女的介绍加入了中国共产主义青年团。1925年，吴毅正式加入中国共产党。

1927年4月，吴毅就任第一任中共广州市委书记。在极其恶劣的环境下，吴毅领导市委班子整顿党团和工会组织，坚决反对国民党的屠杀政策。广州起义期间，吴毅又驰骋在枪林弹雨之中，协助张太雷等做好各项准备，把工人武装统一改编为工人赤卫队。

1927年11月1日，周文雍等人被国民党广州公安局逮捕。吴毅和陈铁军、李源、沈青等人立即组织力量进行营救，使他们能参加广州起义。在起义前

① 鲍晓菁：《陈延年：视死如归的革命者》，新华社，2018年5月6日。

夕，省委派黄平担任市委书记，吴毅仍为市委领导成员之一，负责组织工作。起义失败后，吴毅转移到香港，1928年重返广州，任市委书记。吴毅重新任市委书记期间（1928年5月至7月），在党的经费十分拮据的情况下，通过交通员宋维静向她在国民党政府里当官的父亲那儿取得一笔钱，并巧妙地将她的家作为党的秘密机关。在这里先后油印出版党的刊物《手锤凿》和《工农兵》，及时报道有关斗争消息并传播革命道理，指导广州的革命斗争。他分配特派员到油业、手车、起落货等行业工人中去发展工会会员，并派人指导郊区农民进行反对土豪劣绅的斗争。

广州起义失败后，吴毅受到党内李立三“左”倾路线的错误打击，被撤销市委书记职务。1928年3月，中共中央派周恩来到香港纠正错误处分，吴毅重任中共广州市委书记。中共广州市委迅速清理恢复了各级组织，领导工人运动，开展地下斗争。4月，吴毅当选为省委委员，后又被选为省委常委，仍兼市委书记。6月，在“左”倾盲动主义指导下，广东省委决定举行第二次大暴动。接到指示后，吴毅与市委同志研究认为：在白色笼罩下，党组织刚恢复，目前举行第二次暴动不成熟，但党的命令必须执行。他和战友分头到各区委、支部传达省委指示，要求党员、团员团结民众，加紧开展地下活动，为第二次起义做好充分准备。7月，广州市委机关遭敌人破坏，吴毅被捕，他严守机密，不久英勇就义，牺牲时年仅21岁。

吴毅被评价为忠诚而极有才能的党的干部。广州起义的失败没有使他悲观失望，而是激发了他更强烈的革命热情，展现了他英勇斗争的精神和优秀的共产党人品质。他以鲜血和生命体现了对党、对人民、对革命事业的忠诚。

★ 季步高

季步高，曾在中华全国总工会省港罢工委员会工人纠察队担任训育处副主任、训育长，牺牲时任中共广州市委委员、中共广州市委书记、中共广东省委候补委员兼兵委书记。

1922年夏，季步高进入上海东南高等师范专科学校学习。蔡和森、恽代英、张太雷等都曾在该校授课。季步高多次听过他们的课，深受感染，他开始积极学习马克思列宁主义，并积极参加社会活动。1925年6月，季步高考入黄埔军校第四期。同年9月，他正式加入了中国共产党，并参加了以共产党员和共青团员为骨干的中国青年军人联合会。

1927年11月，根据中共中央的指示，中共广东省委决定举行广州起义，季步高参与了起义的准备工作。12月11日凌晨，广州起义爆发，季步高率部分工人赤卫队员，配合起义军主力军官教导团攻打广州市公安局。随后广州苏维埃政府成立，季步高被委任为苏维埃军事委员会军械处处长。由于敌我力量悬殊，广州起义不幸失败。季步高按照党的指示，转赴香港。

1928年1月上旬，中共广州市委重新成立，季步高为市委委员。此时广州的反动势力极为猖獗，到处笼罩在白色恐怖中，斗争异常尖锐残酷。1月下旬，刚刚建立的市委机关即遭敌破坏。1月30日，中共广州市委再次重建，季步高临危受命，担任中共广州市委书记。他想方设法联络分散和隐蔽在各处的共产党员和共青团员，恢复和重建党的组织。十几天后市委机关再次遭到破坏，几十位同志先后壮烈牺牲，市委委员中仅幸存季步高一人。季步高早已将个人安危置之度外，在万分险恶的情况下，带领同志们分散隐蔽进行革命斗争。4月13日，季步高当选为中共广东省委候补委员。同年初夏，季步高赴香港向省委汇报工作，7月，不幸被港英当局逮捕，之后被引渡回广州。在狱中，他受到了敌人的残酷刑讯达六个月之久，但始终宁死不屈、铁骨铮铮，保持了共产党员的崇高气节。1928年冬，季步高从容就义于广州红花岗，年仅22岁。

季步高满怀济世的宏伟抱负，充满对革命的执着热情，将自己短暂的一生投身于全民族的解放事业中。他的名字被载入中共中央组织部1945年4月编印的《死难烈士英名录》中，永垂青史，光照千秋。

李耀先

李耀先曾在中共广东区委职工委员会工作，并兼任中华全国总工会宣传部部长、中共广东区委委员、省港罢工委员会党团书记等职。

1919年，李耀先进入省立第一中学学习。在校期间他大量阅读《新青年》《每周评论》，以及《新潮》《中华新报》《广东群报》等进步书刊，初步接触了马克思列宁主义。1923年6月，他加入阮啸仙等人组织的广东新学生社，成为新学生社骨干。随后，李耀先参加了中国社会主义青年团。此后他积极参与平息商团叛乱、滇桂军阀叛乱，参加省港大罢工等反帝斗争。1925年7月，李耀先在省一中毕业，通过团组织介绍到省平民教育委员会工作，并正式加入了中国共产党。同年10月，广东国民政府举行第二次东征，李耀先协助邓中夏组织省港工人成立宣传队、运输队随师出发，有力地支援了东征。

1926年3月，李耀先担任共青团广东区委经济斗争委员会书记。5月，党组织筹办劳动学院，邓中夏任院长，李耀先任教务主任，主持日常工作，为党培养了一批工人出身的干部。1926年10月，李耀先离开劳动学院，到粤港澳劳动同德总工会任秘书长兼党团书记。在此期间，李耀先经常深入到工人中去，消除工人内部分歧，团结工人，提高工会战斗力。

1927年四一二反革命政变发生后，李耀先转到中共广州市委机关从事地下斗争。他协助周文雍等发动海员以及搬运、油业等行业工人成立义勇团、工人自救队、省港工人利益维持队，秘密处决敌特、侦探、工贼。广州起义前夕，李耀先协助周文雍等人组织广州工人赤卫队，并参加了起义。起义失败后，他仍留在广州坚持斗争，先后担任中共广州市河南区（今海珠区）和芳（村）花（地）区的区委书记。1928年夏，吴毅、季步高等相继被捕牺牲，由李耀先代理中共广州市委书记。他领导新的市委，在市内和郊区先后又建立起八个区委，壮大和健全了党组织。在他的领导下，广州工人进行了经济斗争，郊区的农民也起来反对“护沙队”的欺压，反对征收渡江租、谷埠费等。夏秋间，市委机关又一次遭受破坏，李耀先不幸被捕。面对敌人的严刑拷打，他毫无惧色。当敌人要他写坦白书时，他却利用这个机会奋笔疾书《斥敌书》，历数国民党反动派勾结帝国主义屠杀中国人民的一笔笔血腥罪行，一共写了19张纸。李耀先英勇就义时仅24岁。

李耀先就义时，高呼“打倒帝国主义！”“打倒国民党反动派！”“中国共产党万岁！”等口号，展现出大义凛然的英雄气概和视死如归的革命精神。

★ 凌希天

凌希天，曾任广州市南部区委书记、中共市委书记等职。

由于家境贫困，凌希天少年时便辗转香港、佛山等地做工谋生，对底层工人饱受压迫的现象深恶痛绝。1924年，凌希天在石井兵工厂当技工时，参加了工人运动，被选为工人代表。1925年，他在广州农民运动讲习所宣传班学习两个星期后，随即根据组织的安排回到番禺从事农民运动，并被选为番禺县农会第一届候补监察委员。同年，加入中国共产党。

1927年4月15日，广州国民党反动当局血腥屠杀共产党人。12月11日，中共广东省委发动广州起义，凌希天担任搬运军械的后勤工作。1928年5月1日，中共番禺临时县委成立，凌希天任委员。同年6月，省委决定取消番禺县委，旋即成立了广州市各部区委。8月，凌希天任广州市南部区委书记。

1929年9月间，凌希天组织了部分工人以及市郊农民开展政治斗争，反对帝国主义和国民党军阀屠杀共产党和革命群众的罪行。10月10日，他还利用国民党纪念“双十节”活动，组织一些党员和积极分子到街上散发传单，动员群众起来打倒国民党反动派。经过几个月的工作，凌希天恢复了一些党员的组织关系，并发展了一批党员，重建了党支部。为了便于开展工作，凌希天和广东省委交通员沈卓青以假夫妻身份作掩护。同年10月下旬，他们由香港回广州时，在西濠口码头被广州市公安局特别侦缉队长梁子光逮捕。10月27日，年仅29岁的凌希天被枪杀。

凌希天一生从事革命活动，表现了大无畏的革命精神。他牺牲后，中共广州市委称赞他是“我们同志的模范，他是工农群众最亲爱的领袖，他是国民党、帝国主义最痛恨的敌人”。

杜式哲

杜式哲是广东饶平县党组织创建者，曾任中共饶平县委第一任书记、广州市委书记等职。

1925年，杜式哲在学校老师的影响下，积极参加学校的反帝、反军阀的宣传活动，并被选为澄海县学生会负责人，领导全县学生运动。同年1月，经过锻炼和考验的杜式哲加入了中国共产党，随后被调到共青团汕头地委任文书。4月，他代表岭东学生会赴广州出席广东省学生联合会代表会，被选为省学联执行委员。4月底，杜式哲根据党组织的安排到饶平县开展工作。他深入饶平农村，推动农民运动发展和巩固农会。在他的组织和领导下，三饶、上饶、浮山三个区及辖下33个乡建立起农会，共有会员1917人。在此基础上成立了饶平县农民协会，还相继成立了妇女解放协会和儿童团等群众组织。1928年，根据中共广东省委的安排，潮梅特委和东江特委合并成新的东江特委。同年8月，杜式哲调特委工作，任特委委员。在1929年9月东江特委第二次全体会议上，他又被选为东江特委副书记。

1930年4月，杜式哲调任中共广州市委书记。当时，广州处于一片白色恐怖之中，国民党反动派大肆破坏共产党组织，捕杀共产党员和革命群众。杜式哲到任后，鼓励市委其他同志要经得起严峻环境的考验，胆大心细地坚持斗争，还要求大家利用各自的公开身份和职业条件，谨慎地做好工人和市民的宣传工作。为了向省委汇报和请示工作，他经常去香港。当时，在广州和香港都有不少大革命时期从潮汕逃出来的土豪劣绅，有的还当了国民党反动派的暗探。家住香港的好友常为杜式哲的安全担忧，叫他务必十分小心。杜式哲深知自己处境危险，但更懂得党的事业高于一切。他表示：“如果我被捕了，给反动派的只有一纸革命书，我将表白我为什么要革命，为什么要参加中国共产党，然后献出生命！”1930年6月上旬的一天，国民党反动派的暗探侦察到中共广州市委机关所在地，当晚，大批反动军警包围了市委机关。杜式哲和市委机关的陈新宇、赖传尧、黄姐、王碧辉等五人不幸被捕。为了保护党组织，他在敌人面前没隐瞒自己的身份，大义凛然地对审问他的敌人说：“为人民干革命，乃自身之夙愿，夙愿已偿，抛头颅也在所不惜！”他勉励狱友继续和敌人展开斗争。1930年7月1日，反动当局将杜式哲等人押上汽车游行示众。杜式哲面无惧色，慷慨赴难，沿途高呼：“打倒反动派！”“共产党万岁！”展现了英勇无畏的革命精神。他牺牲时年仅25岁。

广州工人运动领导人

广州工人运动在中国工人运动史上留下了极其重要的篇章。工人运动离不开有力的领导，这一时期广州涌现出一批优秀共产党人投身工人运动，如苏兆征、林伟民、邓中夏等。他们深切明白要取得革命胜利必须依靠人民群众的革命真理，他们深入工人群众中，切实为群众排忧解难，赢得了广大工人的真心支持，为革命打下了良好基础。中国共产党领导广东工人阶级，团结各界群众进行了大量反帝反封建的活动，举行了震惊中外的省港大罢工等工人运动。广州工人运动对协助广东革命政府平定叛乱、出师北伐，都发挥了巨大作用。广州的工人运动领导人面对严峻复杂的形势，不畏艰险，始终把团结工人力量作为最重要的任务，展现了共产党人迎难而上、爱民为民的精神风貌。

苏兆征

苏兆征是中国工人运动的先驱，也是中华全国总工会的主要创建人和领导人，国际工人运动活动家，对中国工人运动发展做出了卓越贡献。

1903年，苏兆征为了谋求生计离乡到香港打工，后来成为一名海员，在外国轮船上工作。海员生涯拓宽了苏兆征的视野，他曾目睹世界各国工人的斗争，尤其是俄国的十月革命对他的启发很大。此后他便常常与林伟民、戴卓民等人向海员们宣传团结的重要性。1921年3月，在苏兆征等人的倡议下，中华海员工业联合总会在香港正式成立，这也是我国最早成立的现代产业工会组织之一。

1922年1月12日，苏兆征和林伟民等人组织和领导了震惊中外的香港海员大罢工。罢工开始后，苏兆征组织罢工海员们离开香港回到广州，并将广州作为罢工基地。他们很快在广州成立了罢工领导机构——海员罢工总办事处。苏兆征担任罢工总办事处的总务部主任，后来又代理海员工会会长。在苏兆征和广大海员的不屈斗争下，帝国主义和资本家最终向罢工海员屈服了，接受了海员们提出的合理要求。这次香港海员大罢工对于推动广州的群众运动发展也有重要作用。罢工期间，苏兆征积极参加广州的各种群众活动，宣传和介绍此次罢工的经过和意义，号召广州地区的工人群众为了实现自己的解放而团结起来。为了纪念这次大罢工，苏兆征带领海员们在广州越秀山修建了一条马路，并命名为“海员路”。同年5月，苏兆征等人代表香港海员工会参加了在广州召开的第一次全国劳动大会。会上，他介绍了香港海员大罢工的经过及取得罢工成功的经验。在这次罢工的过程中，中国共产党给予了海员们有力的支持和指导，苏兆征由此意识到中国共产党确实是为工人阶级谋利益的政党。1925年春，苏兆征在北京正式加入了中国共产党。随后，苏兆征参加了第二次全国劳动大会的筹备工作。同年5月1日，大会在广州召开，会上，苏兆征当选为全国总工会执委会委员。6月19日，为了响应上海人民的爱国运动和抗议帝国主义暴行，苏兆征与邓中夏等人组织和领导了震惊中外的省港大罢工。他先是前往香港带领海员进行罢工，随后又带领罢工工人返回广州，并成立了省港罢工委员会作为此次罢工的领导机构。苏兆征被推选为罢工委员会委员长，同时兼任财政委员会委员长。在这次罢工的过程中，苏兆征运用“单独对英”等一系列有效的斗争策略，在各方面给了帝国主义沉重的打击。在领导工人进行罢工时，苏兆征与群众联系密切，同甘共苦，深受工人的信任与爱戴，他和邓中夏因此也被称为引导群众坚持反帝斗争的“两盏明灯”。

1926年1月，苏兆征在广州主持召开了全国海员第一次代表大会。会上，他总结了海员们与帝国主义和资本家不断斗争的经验，并号召海员进一步扩大组织，健全工会机构，以便加强战斗力。会上，苏兆征当选为全国海员总工会执委会委员长兼文书部主任。同年5月，苏兆征又在广州主持召开了第三次全国劳动大会。会上，他先后针对省港罢工和英国矿工罢工的问题做了有关报告，并当选为中华全国总工会第二届执委会委员长。

1926年3月，苏兆征于广州主持了香港运输行业工会的代表大会，会上正式成立香港运输业工会联合会，苏兆征被推选为委员长。在他的组织领导下，香港金属业总工会也于4月10日在广州正式成立。同年4月15日，香港总工会正式成立，苏兆征被聘为香港总工会的顾问。

苏兆征十分重视在工人中发展壮大党的力量，积极发展工人中的党组织。省港大罢工期间，苏兆征陆续介绍了邓发、李源、何耀全等工运骨干入党。1926年10月，省港罢工委员会决定结束已进行了一年多的省港大罢工。1927年1月，中华全国总工会亦从广州迁至武汉。3月下旬，苏兆征离开广州，前往武汉主持中华全国总工会工作。

1928年2月，苏兆征率领中国工会代表团前往苏联参加赤色职工国际第四次代表大会，并在会上做关于中国工人运动的报告。1929年2月，苏兆征离开苏联回到上海，继续领导国内革命斗争。2月25日，苏兆征因积劳成疾，医治无效去世，年仅44岁。[①]

苏兆征作为一名杰出的工人运动领袖和早期中共领导人，时刻关心工人

① 中共广州市委党史研究室、广州市民政局：《广州英烈传》，广东人民出版社，1991年版。

群众的切身利益，展现出了伟大魄力和求实精神。苏兆征病逝后，中共中央高度赞扬他的革命精神，并指出：苏兆征同志在工作中，充分表现了无产阶级的艰苦卓绝精神和坚决的政治意识，他的革命精神，是全党的模范。

★ 林伟民

林伟民曾任中华海员工业联合总会干事会干事、广州办事处主任，中华全国总工会委员长等职，是中国早期工人运动领袖之一。

林伟民家境贫寒，长大后前往香港谋生，在一艘外国轮船上找到工作，成为一名海员。林伟民和其他海员常常受到包工头的剥削和虐待，他逐渐意识到应该团结起来反抗资本家的压迫。十月革命的胜利对林伟民产生了极大鼓舞，他和苏兆征等人积极号召海员团结起来谋求自身解放。1921年3月，林伟民当选中华海员工业联合总会第一届干事会干事，主要负责海员工会交际方面的工作。

1922年1月12日，在林伟民、苏兆征等人的组织和领导下，香港海员爆发了震惊中外的海员大罢工。罢工爆发后，林伟民留在香港继续发动工人罢工，并且组织防护破坏罢工队，维护罢工工人利益。在罢工海员不屈的斗争下，香港海员罢工取得胜利，林伟民等人代表罢工海员在谈判协议上签名。

1924年春，林伟民代表香港海员工会前往苏联出席国际运输工人代表大会。在此期间，林伟民加入了中国共产党。随后，林伟民返回广州担任中华海员工业联合总会广州总办事处主任。当时广州的海员工会组织涣散，林伟民马上对海员工会进行整顿，同时健全海员工会组织。

1924年12月，林伟民领导盐船工人和盐商进行斗争。当时物价飞涨，盐船工人生活困难，因而提出了增加运费的要求，但却遭到两广盐运使邓泽如的镇压。林伟民召集盐船工人开会，决定全体盐船工人举行罢工。在盐船工人进行罢工的同时，林伟民发文揭发了邓泽如对盐船工人进行迫害的恶行。邓泽如在各方压力下，最后松口增加运费一事由劳资双方自行协商。12月6

日，盐商最终接受盐船工人关于增加运费的要求，这场斗争也取得了胜利。这场斗争的胜利极大地鼓舞了广州工人。此后林伟民还领导了广州与北江民船工人反勒索斗争和来往于香港、广州之间的“西安号”轮船工人反虐待斗争，均取得了胜利。

1924年，林伟民任中共广东区委委员，不久又兼任广东区委监察委员会书记。1925年5月1日，林伟民参加了在广州举办的第二次全国劳动大会。会上，与会代表一致推选他为中华全国总工会首届执委会委员长。6月13日，林伟民在广州主持成立了省港罢工委员会临时办事处，筹措罢工经费和接待罢工工人。6月19日，震惊中外的省港大罢工爆发了，省港罢工委员会正式成立。林伟民作为中华全国总工会的代表加入了省港罢工委员会。省港大罢工期间，在廖仲恺等人的支持下，林伟民征用广州市内的空置建筑作为罢工工人的宿舍，并筹集罢工经费购买了充足的粮食和生活用品。林伟民的筹备工作保证了罢工的顺利进行。罢工开始后，林伟民主持召开罢工工人代表大会，会上选举了罢工纠察队的工作人员，并通过了对香港实行粮食封锁、设置粮食贩卖委员会以打击走私等决定。

在省港大罢工期间，由于长期繁忙的工作和艰苦的生活，林伟民腿部的骨结核病恶性发作，不得不通过手术治疗。术后他只能卧床养病，但他仍密切关注和支持省港罢工委员会的各项工作。他十分关心和支持工会统一运动，在病中撰写发表了《实际的经验与教训》一文，文中总结了香港海员斗争的经验和教训，鼓励群众以“海员罢工胜而复败之往事为鉴”，努力支持工会统一运动。1926年1月在广州召开了全国海员第一次代表大会，虽然林伟民因病缺席了此次大会，但他仍被一致推选为执行委员会委员。同年5月在广州召开的第三次全国劳动大会上，林伟民又被推选为中华全国总工会执行委员。1927年春，林伟民的病情进一步恶化，当时国民党反动派正到处搜捕共产党人，化名为林齐卿的林伟民面对这种危急处境，冷静地表示：“我是决不会屈服的。要是敌人下毒手，我就要跟他们拼一场。”此时的党组织无法继续接济他，许多盐船工人便主动为他筹集医药费，并经常派代表到医院慰问他。9月1日，因医治无效，林伟民病逝于广州医院，年仅40岁。广州盐船工人冒着极大的危险，集资收殓了他的遗体，并妥善保存了他的遗骨。新中国成立后，政府专门在广州银河革命公墓为林伟民修建了一座陵墓，供人们祭奠。①

林伟民为中华民族的解放和复兴舍生忘我，做出了杰出的贡献。在生命的最后几年中，他为工人运动日夜操劳，为工人群体的利益不懈抗争，深受工人爱戴。在病重之际，林伟民仍然关心工人运动的进展，体现了一心为民的革命精神。

★ 邓中夏

邓中夏是著名的马克思主义理论家，工人运动的领袖。曾任中共中央政治局候补委员，中国劳动组合书记部主任，红二军团政委。

1917年，邓中夏考入国立北京大学文学系。在北大求学期间，由于李大钊等人的引导和十月革命的影响，邓中夏开始研究马列主义，并积极投身当时的反帝爱国斗争。1920年10月，邓中夏参加北京共产主义小组，是共产主义小组最早的成员之一。1921年8月，中国劳动组合书记部在上海成立，邓中夏担任北方分部主任，负责领导北方工人运动。

1922年5月1日，邓中夏作为长辛店工人代表参加在广州召开的第一次全国劳动大会。1925年，党中央指派邓中夏主持第二次全国劳动大会的筹备工作。4月，邓中夏来到广州，夜以继日地筹备会务工作，并撰写了《劳动运动复兴期中的几个重要问题——贡献于第二次全国劳动大会之前》一文，提出召开这次大会的目的，是总结近年工人运动的“一切丰富的经验”，以便“将各种运动的重要问题，给全国工人阶级一个完满确定的观点与指导”。

① 中共广州市委党史研究室、广州市民政局：《广州英烈传》，广东人民出版社，1991年版。

会上，邓中夏当选为大会主席团成员兼大会秘书长，并参与起草《中华全国总工会章程》的工作。会上选举邓中夏为中华全国总工会第一届执行委员会委员。邓中夏还兼任干事局秘书长和宣传部部长。

第二次全国劳动大会结束后，邓中夏根据党中央的安排留在广州工作。不久，为了支援上海人民的反帝爱国斗争，他和陈延年、杨匏安等人决定发动省港大罢工。省港大罢工爆发后，邓中夏与苏兆征、李森等筹措经费，计划开支，寻找房屋，安排罢工工人的食宿问题。他还发动缝纫部门给罢工工人赶制蚊帐，并以宿舍为单位，给罢工工人发茶水费和零用钱。在罢工工人的吃饭、住宿问题得到安排后，对于罢工斗争应如何进行下去，他指出：省港大罢工不是一般的经济斗争，而是为了反对帝国主义，求得民族解放的政治斗争。既然是为了反对“雄视一世”“骄横一时”的帝国主义，必然是一场旷日持久的战斗。在这场“空前未有的罢工”中，工人阶级只有建立起“伟大缜密的组织”，“才能历久而不敝”。[①]根据他的提议，建立起由香港各工会代表、沙面工会代表和中华全国总工会代表共13人组成的省港罢工委员会，他被聘为总顾问。

不久，经党组织批准，罢工委员会内成立了中共省港罢工委员会党团，由邓中夏任党团书记。罢工委员会本身拥有行使部分政权职能的“绝对权力”，可以处置一切与罢工相关之事，广东政府不得过问。在省港工人罢工期间，邓中夏还主编了省港罢工委员会的机关报《工人之路》，并于6月24日创刊发行。他为特刊拟定宣传方针和编辑计划，并审定重要稿件，使刊物文字通俗简洁，观点鲜明准确，议论生动形象，报道及时具体，成了省港罢工工人团结战斗的旗帜。此外，他还组建了有2000多名队员的工人纠察队，亲自担任工人纠察队的训育长，主要抓思想政治教育工作。

为了争取更多民众支持省港大罢工，邓中夏提出实行“单独对英”的斗

① 徐大兵：《邓中夏关于工人阶级斗争政策和策略的思想》，《光明日报》2016年4月26日。

争策略，对英国以外的各国商船，只要他们不贩卖英国商品，不经过香港，可颁“特许证”，准许他们在广州进行贸易。这一策略取得了很好的效果，维持了广东经济稳定，保持了商人的中立，也拆散了帝国主义者之间的联盟。

为了反击英帝国主义的恫吓，邓中夏撰写了《欢迎英国十万大军进攻中国》一文，分析了当时英国内外交困的形势，指出这不过是恫吓中国人民的伎俩。1926年7月15日，香港政府被迫与广东国民政府开始谈判。7月下旬，邓中夏接连写了两篇文章，题为《中英谈判中的我见》《中英谈判总评》，阐述了对谈判的要求和希望。他提出：排英既是阶级斗争，又是民族斗争，需要民族团结，各界人士应当全力支持政府的谈判斗争。在此期间，邓中夏结识了亲密战友李启汉的妹妹李英，并和李英于当年8月结婚。

1928年2月，邓中夏被党中央派往香港，接替李立三任广东省委书记。经过认真细致的工作，他统一了广东党内领导同志的认识，加强了相互间的团结，使广东地区的革命活动重新开展起来。1928年3月，邓中夏参加中国工会代表团到了莫斯科，出席赤色职工国际第四次代表大会。6月，他又出席在莫斯科召开的中共第六次全国代表大会，之后与瞿秋白、张国清、余飞、王若飞、黄平、蔡和森等组成中共驻共产国际代表团。以后一段时间，他留在莫斯科从事国际工人运动。

1930年7月，邓中夏从莫斯科回国，先担任中华全国总工会党团成员兼宣传部部长。接着，他又被任命为中央代表，前往湘鄂西根据地，同贺龙、周逸群一起领导湘鄂西的武装斗争，任湘鄂西特委书记和红二军团政治委员。

1933年5月15日晚，邓中夏在上海被法国租界巡捕逮捕，不久被国民党当局转移到南京，被押在南京国民党宪兵司令部监狱。在狱中，他意志坚定，宁死不屈，于1933年9月21日在南京雨花台下被敌人杀害，年仅39岁。

邓中夏一生对党忠诚，以身许党、以身许国。被捕后，他曾在狱中留下“就是把邓中夏的骨头烧成灰，邓中夏还是共产党员”的豪言[1]，用自己

① 《新中国英雄模范人物：邓中夏》，共产党员网，2011年2月10日。

的鲜血和生命践行了一名共产党人的初心和使命，展现了共产党人鞠躬尽瘁死而后已的高尚情怀。邓中夏也是马克思主义理论家，他较早地阐述了无产阶级在民主革命中的领导权问题，对指导和总结中国工人运动的理论研究有较大贡献。他撰写的《工会论（上编）》和《中国职工运动简史（1919—1926）》，从宏观上对中国工人运动进行了系统研究，影响深远。

★ 李启汉

李启汉是中国早期工人运动的著名领袖，曾任中华全国总工会执行委员兼组织部长、中华全国总工会广州办事处主任、中共省港罢工委员会书记等职。

1915年，李启汉先后前往衡阳、长沙读中学。1919年五四运动爆发后，李启汉参加了长沙的爱国学生运动。1920年，他前往上海参加反帝爱国斗争，结识了陈独秀、李达等人，在他们的影响下深入了解马克思主义。同年8月，他加入了社会主义青年团，随后又加入共产党上海发起组，并开始从事工人运动。1921年7月，李启汉领导上海英美烟草公司工人举行罢工，并取得了胜利。

1922年1月香港海员罢工爆发，李启汉等人在上海成立香港海员罢工后援会，一度被捕入狱，后经中国劳动组合书记部营救才得以出狱。李启汉出狱后，继续发动上海各界人士援助香港海员。同年5月，他赴广州参加第一次全国劳动大会。会上，他提出了《八小时工作制度》和《罢工援助案》，均被大会通过成为决议案。大会结束后，他回到上海与林伟民等人筹建中华海员工业联合会上海支部。

1925年4月，李启汉前往广州参与组织了第二次全国劳动大会的筹备工作。5月1日，第二次全国劳动大会召开，李启汉当选为主席团成员。大会同时决议成立中华全国总工会，李启汉当选执行委员兼组织部部长。会后，李启汉根据党组织的安排，留在广州主持中华全国总工会的日常工作。

1925年6月19日，震惊中外的省港大罢工爆发。为了加强对罢工的领导，李启汉就任省港罢工委员会干事局局长，同时担任财政委员会委员和中共党团副书记，和邓中夏、苏兆征等人共同领导省港大罢工。省港罢工委员会干事局是处理日常事务的中枢机构，工作繁忙，干事局内设有文书部、招待部、庶务部、宣传部、交际部、交通部、游艺部等部门。为了让干事局有条不紊地运转，李启汉主持制定了各项规章制度。此外，他还妥善安置了大批罢工工人的食宿问题，并常常深入到工人中了解实际情况，帮助解决工人的实际困难。他组织成立了工人医院，发动工人和家属进行生产自救。罢工工人都十分尊敬和爱戴李启汉，并把干事局称为“工人内阁”，而李启汉则是工人内阁的“总理”。

李启汉除负责干事局的日常工作，还参与领导了省港工会统一运动。1925年12月4日，他在广州做了题为《为何要统一工会》的演讲。1926年4月4日，香港运输业各工会成立香港运输工会联合会，李启汉发表演说，勉励工人们筑好总炮台，对付英帝国主义。同年4月10日，香港金属业各工会成立香港金属业总工会，李启汉到会演讲，强调了统一工会组织的重大意义。李启汉还先后指导了广州洋务总工会、广州店员总工会、广州粮食业工会联合会和广州工人代表大会的成立。15日，香港总工会在广州成立，李启汉被聘为顾问，并任香港总工会中共党团书记。

1926年初，李启汉任中共广东区委委员。5月1日，在广州召开的第三次全国劳动大会上继续当选为全国总工会的执行委员、组织部部长。同年10月，省港大罢工胜利结束，李启汉和邓中夏一起负责罢工的善后工作。1927年2月，中华全国总工会北迁武汉，李启汉留在广州，领导全国总工会广州办事处和省港罢工委员会的工作，并接替邓中夏担任省港罢工委员会党团书记。

1927年4月12日，蒋介石在上海发动反革命政变。14日上午，李启汉、刘尔崧等人在越秀南路惠州会馆全国总工会广州办事处召集会议研究应对当前局势的对策。广州市公安局谍捕队闻讯前来监视，会议被迫中止。当晚，李启汉再次召开工会骨干会议，决定发动工人罢工，进行工人武装自卫。15日凌晨，李启汉在住所被捕。在被敌人押往监狱途中，他对敌人怒目而视，高呼“中国共产党万岁！”等口号。李启汉先是被关押在市公安局拘留所，4月22日又被押往南石头监狱。当敌人审讯他时，他大声说：“我是做工农运动的，你要说我是共产党，那么，所有工农都是共产党了！”[①]不久，李启汉被敌人秘密杀害，年仅29岁。

李启汉曾总结了工人代表们的三种可贵精神：“奋斗的精神”“认真的精神”“公断的精神”。这三种精神正是他一生的写照。李启汉始终无怨无悔把自己的一生奉献给中国工人阶级的解放事业，他总是首先考虑群众的利益，从不计较个人的得失。他奋斗的一生体现了共产党人不屈不挠、敢于斗争的革命精神。

★ 杨殷

杨殷是中国工人运动的先驱，也是省港大罢工的重要领导者之一，曾任全国铁路总工会广州办事处顾问，广州苏维埃政府代理主席，中国共产党第六届中央委员会委员等职。

1910年，杨殷到广州入读圣心书院。1911年加入同盟会，并到澳门参加同盟会南方支部的工作，成为一名革命党人。1917年起在广州任孙中山军政府卫队副官，兼大元帅府参军处参谋。杨殷在杨匏安、杨章甫等人引导下，阅读了大量与社会主义相关的书籍和进步刊物，在思想上积极转向了社会主义。1922年，通过杨章甫的介绍，杨殷加入了中国共产党。1923年，党组织委派杨殷到广州从事工人工作。

杨殷首先来到广州石井兵工厂，与杨匏安、刘尔崧等人深入工人群众，

① 叶介甫：《李启汉：工人运动“坐狱最早最苦的同志”》，《工会信息》2018年第20期。

并在工人中组织了“十人团”，成立工人俱乐部，揭发资本家对工人的剥削。为揭露当时的厂长克扣工人工资等恶行，杨殷等人发动工人早上把铁锅倒挂在电线杆和树枝上，表示工人无米下锅的窘境。这次活动取得了社会同情和重视，厂长被迫下台，兵工厂还成立了工会。1924年，杨殷到铁路开展工人运动。他深入工人当中，积极发展党员，组织铁路工人“十人团”。他十分关心工人的生活，面对工人工资低，资本家把政府公债摊派到工人身上等问题，他鼓励工人团结起来斗争。在杨殷的努力下，铁路工人成立了粤汉铁路总工会、广九铁路总工会和广三铁路总工会三个统一的产业工会，并在这三个工会中组织了工人纠察队。

1924年，杨殷任中共广东区委委员和区委监委委员，并前往香港发展和领导工人运动。1925年5月，杨殷和邓中夏等人在组织的安排下前往香港参加省港大罢工的组织工作。他和林伟民等人一同为返回广州的工人筹措资金，帮助他们解决交通等问题，还负责罢工期间的保卫工作。

1927年4月12日蒋介石背叛革命，反动派开始大肆逮捕共产党人，广州的形势也陷入危急之中。13日晚上，杨殷主持召开铁路党员干部紧急会议，研究了各项应变措施，并着手安排骨干和党员撤离广州。15日，广州陷入白色恐怖中，杨殷不顾自身安危，继续安排党员离开广州，直到最后才撤往香港。同年11月，杨殷负责广州起义参谋团的工作。12月10日，杨殷在参谋团秘密会议上报告了已掌握的敌方情报。当晚，他在西路工人赤卫队会议上协助周文雍部署进攻目标，并组织了敢死队协助教导团进攻市公安局。广州苏维埃政府成立，杨殷就任广州苏维埃政府人民肃反委员。张太雷不幸牺牲后，他担任广州苏维埃政府代理主席。广州起义失败后，杨殷撤退到香港，负责处理起义的善后工作，接待一同撤离到香港的同志。

1929年8月24日，杨殷、彭湃、颜昌颐和邢士贞等人在上海开会时遭到叛徒告密，被国民党反动派逮捕。他们在狱中仍坚持不懈地与反动派斗争，时常高唱《国际歌》，表明自身不屈的意志。8月30日，杨殷和其他三名同志被蒋介石下令秘密杀害，年仅36岁。[1]

杨殷直到牺牲前仍坚持同敌人斗争，宣传革命，揭露帝国主义和反动派的罪恶行为。临刑前，他慷慨自若，笑对狱友说："朝闻道，夕死可矣！"从容就义，展现了共产党人勇于献身的革命理念。

★ 刘尔崧

刘尔崧长期从事工人运动，曾任青年团广东区委书记、中共广东区委工委书记、中华全国总工会执行委员、广州工人代表大会执行委员会主席、省港罢工委员会顾问，是中国早期工人运动的领袖之一。

1918年，刘尔崧考入广东省立第一甲种工业学校（简称"甲工"），第二年当选学生会主席。在校期间，他经常阅读《新青年》等进步刊物，在思

刘尔崧

① 中共广州市委党史研究室、广州市民政局：《广州英烈传》，广东人民出版社，1991年版。

想上逐渐受到马克思主义的影响。五四运动爆发后，刘尔崧积极参加反帝反封建的斗争。1919年5月11日，刘尔崧和阮啸仙等人在广州组织举行了十万群众的反帝大会。25日，他们又联合广东各校师生举行大会，在会上发表演说痛批帝国主义、军阀政府的罪行。刘尔崧和阮啸仙等人把原来的校友会改组为以反帝反封建为宗旨的全市统一学生会，刘尔崧担任执行委员。同年5月30日，刘尔崧等人组织广州三万多名学生进行了抵制日货示威大游行，游行过程中学生们高喊“还我青岛！”“抵制日货！”等反帝口号。广东省警察厅厅长魏邦平派出武装警察镇压学生，刘尔崧等骨干也被逮捕。然而这场游行得到了社会各界的同情和支持，迫于社会各界的压力，魏邦平不得不释放刘尔崧等被捕学生。这场学生爱国运动以胜利告终，刘尔崧等人为纪念游行取得成功合影留念，照片背面还留有他们当时写下的誓言“海可枯，石可烂，此志不可移”。

1920年，刘尔崧和阮啸仙等人收到社会主义青年团的章程后，积极参与筹备成立广东地区社会主义青年团。1921年春，刘尔崧被吸收加入广州共产党小组，是最早的中国共产党员之一。1922年5月，刘尔崧被选为社会主义青年团两广区委员会执行委员。为了团结更多有志青年参加反帝反封建的斗争，刘尔崧主持成立了社会主义青年团的外围组织新学生社。刘尔崧领导新学生社社员积极投身反帝反封建的斗争，并在社员中发展了许多共产党员。同年9月，刘尔崧从学校毕业，随后来到中国劳动组合书记部广东分部工作，他和阮啸仙等人成立了爱群通讯社，以便发展工人运动。1923年，刘尔崧根据组织安排从顺德返回广州发展工人运动。当时广州已经成立了各个行业的工会，但是这些工会大多数都在广东总工会、广东机器工会等黄色工会的控制之下，并不能维护工人利益。为了改变这种情况，刘尔崧深入到工人当中，组织工人对工会进行改组。他对油业工会的改组就是一个极为成功的典型。刘尔崧通过调查发现，广东油业工会会员众多，有接近八千人。如果能够将油业工会加以改组，由党领导，它将会成为推动广州工人运动的重要力量。为此，他经常到各个油坊，与油业工人促膝长谈，向他们灌输马克思主义思想。经过他三个月的努力，广大油业工人提高了思想觉悟。刘尔崧还吸收了许多思想上较为先进的工人入党，并组织了工人党员和原工会理事等骨干加入“十人团”。同年冬，油业工会实现了改组，刘尔崧当选执行委员，兼任中共广东油业工会支部书记。

1924年国共第一次合作确立后，刘尔崧以个人身份加入国民党，任国民党中央工人部特派员。他利用国民党特派员这一身份，领导组织了一系列工人活动。通过他的努力，1924年上半年广州地区的建筑、锦纶、绸缎等工会，以及粤汉、广九、广三铁路工人工会进行了改组，摆脱了黄色工会的控制，成为党领导下的红色工会。同年的国际劳动节，刘尔崧主持召开了广州工人代表大会。会上，刘尔崧号召广州工人要消除隔阂，团结起来，打倒帝国主义、打倒军阀。此次大会正式成立了广州工人代表会这一全市工人的统一组织，刘尔崧被推选为工代会执行委员会主席。

同年7月15日，刘尔崧组织领导了沙面洋务工人罢工，要求英帝国主义者取消压迫和侮辱中国人的“新警律”。沙面工人罢工以胜利告终，这次罢工也是二七惨案后中国工人运动转向高潮的起点。10月，刘尔崧被选为中共广东区执行委员会委员，次年3月又当选职工运动委员会书记，兼任共青团广州地委书记。

广州工人代表会（简称“广州工代会”）成立后，刘尔崧根据党组织的指示，成立了中国第一支工人武装——广州工团军，这支工团军在保卫工人利益、与反革命势力开展斗争中起了重要的作用。广州商团叛乱爆发后，刘尔崧率领工团军与革命军一起平定商团叛乱，稳定了广东地区的政局。1925年5月，刘尔崧当选为中华全国总工会执行委员。后来滇桂军阀杨希闵、刘震寰叛乱，刘尔崧组织三江的轮渡工人，以及粤汉、广三、广九的铁路工人和邮电工人举行罢工，切断运输和电信系统，并率领工团军配合作战，帮助迅速平定叛乱。

上海五卅惨案发生后，刘尔崧根据党的指示，于6月15日发动沙面工人罢工。省港大罢工爆发后，他组织广州工人全力支援罢工斗争，为省港大罢工的胜利做出了贡献。1926年4月1日，刘尔崧在广州工人代表大会上致开幕词表示，召开广州工人代表大会“是为了统一工人力量，巩固革命基础势力，打倒帝国主义及其工具，以完成民族与阶级的解放”。会上刘尔崧被推选为执行委员会主席。

1927年蒋介石在上海背叛革命，广东的局势也随之变得危急。面对白色恐怖的威胁，刘尔崧不为所动，并坚定地表示：“现在正是需要我们的时候，如果在这危急关头跑了，那谁来领导组织工人与敌人作斗争呢？干革命是要随时准备牺牲的。”4月14日，刘尔崧召集全市工会负责人开会，传达区委指示精神，号召全市工人加强警惕，准备战斗，并布置了具体的应变事宜。15日凌晨，刘尔崧在家中被反动派军警逮捕，随后被囚于广州南石头监狱。狱中，面对敌人的威逼利诱和严刑拷打，他始终没有吐露关于党的一个字。4月19日，他被秘密杀害于白鹅潭，年仅28岁。

刘尔崧的一生是革命的一生，他与阮啸仙和黄居仁并称为广东革命史上著名的“东江三杰”。他胸怀共产主义的远大理想，义无反顾投身于革命洪流之中，展现了共产党人生命不息、斗争不止的革命精神。

★ 陈郁

陈郁曾任中华全国海员工会主席、广东省委常委兼职工运动委员会书记等职，是中国工人运动领袖和中国工人运动先驱。

陈郁自幼丧父，为了维持生计曾先后在香港的缝纫机修理厂、煤炭公司、汽车公司等单位当学徒、工人。1921年，陈郁开始在一艘外国游轮上做海员。同年3月，陈郁加入了中华海员工业联合总会，当选为工会太平洋航线分会主席。1922年1月12日，陈郁参与组织了香港海员大罢工，作为海员代表团成员与香港当局谈判，最后罢工取得了胜利。

1925年6月，陈郁参加了香港工团总会召集的各大工会负责人会议，决定举行大罢工。此次罢工由陈郁领导的太平洋航线分会开始，罢工开始15天后已经有超过25万工人参与。为了应对港英当局的镇压和封锁，陈郁在深圳组织转移罢工工人到广州。在他的努力下，半个月内转移了超过10万名罢工工人。在省港大罢工期间，陈郁兼任罢工委员会宣传干事，动员和组织罢工海员参加工人纠察队。同年8月，陈郁在陈权、梁祖贻的介绍下在广州加入了中国共产党。

1927年，陈郁就任中华全国海员总工会主席，兼任党团书记。他还参与广州市委和广州工代会的工作。4月15日，广东当局发动反革命事变，陈郁转入地下继续秘密领导广州市委和工会的工作，并策划了攻占黄色工会，处决工贼、敌特，组织营救周文雍出狱等行动。在苏兆征加入临时中央局后，陈郁负责领导广东工运工作。同年10月，陈郁就任改组后的中共广东省委常委，并与张太雷等人一起组织领导广州起义，负责组织工人赤卫队。12月11日，广州起义爆发，陈郁率领工人赤卫队一部，配合教导团进攻市公安局。广州苏维埃政府成立后，陈郁担任人民司法委员。广州起义失败后，陈郁撤离到香港。1928年2月，陈郁就任中共香港市委书记兼中华全国海员总工会主席。

1931年6月，党组织安排陈郁到苏联学习。从苏联回国后，陈郁又到延安中央党校学习，参加整风运动。1945年，陈郁参加中共七大，并当选为候补中央委员。抗日战争胜利后，陈郁前往东北工作，就任中共辽西省委副书记，兼任东北职工总会筹委会主任。

新中国成立后，陈郁出任新中国燃料工业部部长。1957年8月，陈郁调任中共广东省委书记、广东省省长。他先后就任中共中央中南局书记处书记、广东省省长和中南局第三书记。1968年2月，陈郁就任广东省革命委员会副主任兼中共核心小组成员。1974年3月21日陈郁病逝于广州，享年73岁。

陈郁一生波折，曾因为与党内“左”倾路线斗争而受到不公正对待，但他始终不放弃革命意志和斗争精神。不论是受到打击迫害，还是在十年内乱中的艰难岁月，他都毫不气馁，从容以赴，为新中国燃料事业和广东经济发展做出了重要贡献。

广州农民运动领导人

农民运动在广东地区开始较早，发展迅猛。第一次国共合作期间，广州农民运动在动荡的时局中开展。在彭湃等人的倡议下，农民运动讲习所在广州共举办了六届，周其鉴、阮啸仙、萧楚女等农民运动领导人都曾担任教员。农讲所为中国革命培养了七百多名农民运动干部，对中国农民运动的发展起到了重要作用。广州地区农民运动的蓬勃发展为反帝反封建革命奠定了坚实的群众基础，也为全国农民运动的开展积累了丰富的斗争经验。彭湃等共产党人不惧时艰，努力发展壮大农民运动队伍，在农民中传播先进思想，展现了共产党员坚韧不拔的精神。

毛泽东

毛泽东是伟大的马克思主义者，伟大的无产阶级革命家、战略家、理论家，是马克思主义中国化的伟大开拓者，是近代以来中国伟大的爱国者和民

毛泽东

族英雄，是党的第一代中央领导集体的核心，是领导中国人民彻底改变自己命运和国家面貌的一代伟人。[1]

1923年6月12日至20日，中共三大在广州召开。会上，毛泽东积极表态赞成建立国共联合的反帝反封建军阀的统一战线，同时主张在国共合作的基础上保持共产党的独立性。1924年1月20日，毛泽东再次来到广州参加国民党一大。会上，他对国民党右派提出的“不能党中有党”言论加以辩驳，并要求停止讨论。毛泽东以积极表现受到孙中山的关注，并最终被选为国民党中央候补执行委员。

1925年9月，毛泽东与夫人杨开慧和他的母亲一道来到广州，他们一家当时的住所就在东山庙前西街38号楼上。毛泽东此次来到广州不久后，就接替汪精卫就任国民党中央宣传部代理部长。同年12月1日毛泽东发表了《中国社会各阶级的分析》一文，他在文章中指出：“谁是我们的敌人？谁是我们的朋友？分不清敌人与朋友，必不是个革命分子——革命党是群众的向导——要首先分清楚谁是敌人谁是朋友。”[2]当时国民党右派势力与革命派的斗争日趋激烈，毛泽东创办了《政治周报》，并在《政治周报》上接连发表观点鲜明、言辞犀利的文章，与国民党右派辩驳，斥责他们的反共言论，维护国共合作的统一战线。

毛泽东出席中共三大时就曾发言强调农民运动的重要性。在毛泽东等人的主张下，农民问题被写进中国共产党三大党纲，并制定了中国共产党历史上第一个农民问题决议案。1925年，毛泽东在第五届农讲所兼任教员，讲授《中国社会各阶级的分析》。1926年3月16日，为了迎接北伐战争，国共两党在广东继续开办第六届农民运动讲习所，由毛泽东任所长。同年5月，第六届农民运动讲习所正式开办，这一届农讲所有327名学员，招生范围扩大到全国20个省。毛泽东本人也负责讲授中国农民问题、农村教育、地理等课程。在

① 习近平：《在纪念毛泽东同志诞辰120周年座谈会上的讲话》，《人民日报》2013年12月27日。

② 黄熹、闫修彦：《毛泽东11次南下广州》，《羊城晚报》2003年12月26日。

担任所长期间，毛泽东十分重视理论与实践相结合，强调学员要积极参与调查研究和社会实践。他亲自带领学员到韶关和海丰农村进行社会调查。这些调查材料被毛泽东编辑成《农民问题丛刊》，作为经验向全国推广。为了保护这些来自北洋军阀统治地区的北方学员，毛泽东为每一个来自北方的学员都取了代号，在书信往来中用以指代，避免他们暴露身份。

新中国成立后，毛泽东数次来到广州视察工作。其中1956年5月3日至30日，毛泽东来广东视察。在为期近一个月的视察中，毛泽东召开了20次会议。当时广东刚刚成立华侨投资公司，香港充斥着大量游资，时任广东省委书记陶铸希望实行更积极的政策吸引侨资。适逢毛泽东来广州，提出要听取港澳方面的工作汇报，陶铸指示港澳工作委员会要迅速做好准备，并指定负责港澳具体工作的同志向毛泽东口头汇报。毛泽东在仔细听取了汇报后，了解到华侨对回国投资有顾虑时，明确表示：游资这么多，可以利用嘛。要有更积极的政策。这也是毛泽东在新中国成立后率先提出利用外资的构想。结束广州之行时，毛泽东还不忘叮嘱陶铸，敞开大门，引进外资，这个想法很好，“你们赶快写个报告，我们到北京进一步研究”。调研的成果集中体现在了4月25日的《论十大关系》报告中。《论十大关系》被称为探索适合中国实际的建设社会主义道路的开篇之作，其中就涉及中国与外国的关系，以及利用外资的问题。

1961年初，为了总结三年困难时期的经验教训，毛泽东提出并直接领导了粤湘浙三省的调查研究工作。同年2月13日，毛泽东抵达广州后很快便拿到了中央赴广东调查组的《调查纪要》。《调查纪要》是调查组赴新兴县里洞公社和南海县大沥公社调查后写出的。其中指出新兴县里洞公社是由两个经济水平相差较大的合作社合并后实行平均主义，严重挫伤了群众的积极性等情况。《调查纪要》提供的情况引起了毛泽东的重视。为了系统地解决农村人民公社的各种问题，他从2月下旬开始组织起草人民公社工作条例，广东省委第一书记陶铸主持起草工作。1961年3月10日至13日，毛泽东主持召开了华东、中南、西南三个中央局和省、市、自治区党委负责同志参加的会议，讨论《农村人民公社工作条例（草案）》。3月15日至23日，毛泽东又在广州主持召开中央工作会议，研究解决农村工作中的问题，最后通过了《农村人民公社工作条例》。“农业六十条”的出台部分地克服了人民公社体制内生产队之间和社员之间的平均主义，使全国农业生产逐渐走出低谷。[①]

在为中国人民不懈奋斗的光辉一生中，毛泽东表现出一个伟大革命领袖高瞻远瞩的政治远见、坚定不移的革命信念、勇于开拓的非凡魄力、炉火纯青的斗争艺术、杰出高超的领导才能。他思想博大深邃、胸怀坦荡宽广，文韬武略兼备、领导艺术高超，心系人民群众、终生艰苦奋斗，为中华民族和中国人民建立了不朽功勋。[②]

★ 彭湃

彭湃曾任第一届农讲所主任、中共中央农委书记、中共中央军事委员会委员等职，被毛泽东称为“农民运动大王”，是中国农民运动的领袖之一。

1913年，彭拜就读于海丰中学，在学校期间，他常常阅读进步书籍和刊物。1916年，他和同学一起参加五七国耻反日示威游行。中学毕业后，彭湃前往日本早稻田大学留学，就读于政治经济学系。在日本留学期间，他参加了早稻田大学学生成立的建设者同盟，这个组织重点关注农民问题，强调农民运动的重要性，这段经历对彭湃后来坚定推动农民运动发展的影响很大。

1921年，彭湃回国后来到广州，并加入了广州的中国社会主义青年团。同年7月，他在海丰组织成立了社会主义研究社，带领社员研究马克思主义和十月革命的经验，并组织社员阅读研究《庶民的胜利》《布尔什维克的胜利》等一系列关于马克思主义的文章。彭湃在海丰曾组织学校师生举行爱国

① 骆骁骅、蔡旭珠、赖盼闻等：《饮茶粤海未能忘　击水珠江遏飞舟》，《南方日报》2016年6月7日。

② 习近平：《在纪念毛泽东同志诞辰120周年座谈会上的讲话》，《人民日报》2013年12月27日。

游行示威，但因动摇了当地地主阶级的利益而失败。这段斗争经历也使彭湃意识到，“背后绝无半个工农”的爱国运动，是难以发展为社会革命的。从此，他下定决心深入农村从事农民运动。

1924年4月，彭湃来到广州，正式加入中国共产党，同时就任国民党中央农民部秘书，负责处理农民部日常工作。彭湃从自身开展农民运动的实践中认识到，要大力推动开展农民运动，亟须培养一批农民运动骨干。他通过自己在农民部任职这一便利，积极建议开办农民运动讲习所。在彭湃的倡导下，同年7月，国民党中央执行委员会批准同意在广州开办农民运动讲习所。从1924年7月至1926年9月，广州一共举办了六届农民运动讲习所。彭湃担任第一届和第五届农讲所主任，并作为教员教授了海丰及东江农民运动状况等课程，系统讲授农民运动的经验。他讲课通俗易懂，十分生动，因而很受学生欢迎。彭湃组织农讲所学生学习马克思列宁主义、国民革命、开展农民运动的方法等理论，同时还对学生进行严格的军事训练。农讲所学员后来在全国多地都成为农民运动的骨干。他本人撰写的《海丰农民运动报告》也被毛泽东选入《农民问题丛刊》，作为指导农民运动的重要文献。

1925年5月，广州召开了广东省第一次农民代表大会，成立了广东省农民协会，彭湃当选常务委员。随后广州又召开了广东省第二次农民代表大会，彭湃继续当选常务委员。当时广东省的农会会员人数达到62万，占全国农会会员总人数的三分之二，广东成为全国农民运动的中心。

彭湃经常不顾个人安危，深入各地指导农民运动。1926年8月底，广州市郊区花县（今花都）反动民团总局长江侠庵纠集土匪和地主武装民团进攻农民协会，还焚烧十四条村，造成当地农民死伤一百多人。面对这一惨案，彭湃作为广东省农民协会的代表前往花县进行调查。在调查的过程中，彭湃坚决与农民站在一起，和当时的国民革命军总司令部代表做斗争，揭露了国民党右派勾结地主武装破坏农会的阴谋。在彭湃等人的不懈努力下，调查委员会最后判处反动地主武装交出全部枪支，赔偿农民的全部损失，并保证不再发生类似的不法行为。

在广州工作期间，彭湃经常深入工人当中，关心他们的生活，为他们解决困难。他了解到广州的人力车工人很多是海陆丰等地的破产农民，生活艰苦，于是到人力车工人中，组织工人反抗车主、工头的压迫和剥削。1924年6月26日，在彭湃等人的努力下，广州市人力车工人第一协作社成立，随后又成立了第二、第三协作社。1925年6月，省港大罢工爆发，彭湃积极发动全省农民支援罢工，并组织农民自卫军与工人纠察队并肩战斗，切断对香港的大米、蔬菜供应，停止与英商贸易等。同年8月4日，他出席了省港罢工工人代表第八次大会，并发表演说，支持罢工工人的斗争，明确提出“工人大联合”。10月18日，彭湃在省港罢工工人代表第三十六次大会上做报告，指出：“中国实行国民革命，工人想革命成功，不能忽视农民，农民想革命成功，不能忽视工人，这已成为铁律。”①

随着北伐战争的胜利，革命中心向北转移。1927年3月，彭湃和陈延年、苏兆征等一起从广州到武汉工作。他不仅担任中央农民运动讲习所教员，还与毛泽东、方志敏等人一同成立了中华全国农民协会，当选执行委员会委员，肩负领导全国农民运动的重任。

1929年8月24日下午，彭湃在上海新闻路经远里参加江苏省委军委会议时，因叛徒白鑫告密，被工部局巡捕。狱中，他面对敌人的威逼利诱和严刑拷打，始终英勇不屈，坚定不移。同年8月30日，彭湃被国民党反动派秘密杀害于上海龙华警备司令部，年仅33岁。

彭湃将自己的一生无私奉献给革命理想，“责任、人民、国家”六个字贯穿了他的生命。他真诚关爱劳苦大众，心怀改造旧社会的宏愿，骨子里根植为革命而奋不顾身的精神。在他牺牲后，中共中央对他作了高度评价：“他这样的革命斗争历史早已深入全国广大工农劳苦群众心中，而成为广大群众最爱护的领袖。”

---

① 广州图书馆：《彭湃（1896—1929）》，广州市革命回忆录专题文库网站，2008年3月18日。

周其鉴

周其鉴曾任广东省农民协会执行委员会委员、省农协驻西江办事处主任等职，是中国早期农民运动的重要领袖之一。

周其鉴家境贫寒，小时候一直和贫苦农民一起在乡间劳作。1918年，他考入了广东省立第一甲种工业学校染织科。在校期间，他萌发了强烈的爱国主义思想，阅读了《新青年》等大量进步书刊。五四运动爆发后，周其鉴与阮啸仙等人积极组织学生运动，参与爱国集会和示威游行。他和阮啸仙以“读书不忘救国，救国不忘读书”为宗旨成立了“广东省中等以上学校学生联合会”，并担任副会长。联合会数次组织青年学生进行示威游行和抵制日货等爱国运动。在组织这些爱国斗争的过程中，周其鉴深刻认识到工人阶级的力量，更加积极地学习和研究马克思主义。1920年，他组织学生们参加广州工人的五一国际劳动节纪念大会，还经常给当时广东地区宣传马克思主义的报刊《广东群报》投稿。同年8月，他和阮啸仙等人参与成立了广州社会主义青年团。

1921年，周其鉴参加中共广东支部，成为广东最早的党员之一。他还参加了马克思主义研究会，利用假期深入工农群众中宣传马克思主义，组织发动学生罢课斗争。1922年，周其鉴从学校毕业后，在党组织的安排下来到中国劳动组合书记部广东分部开展工人运动。他参与创办爱群通讯社，并以此为宣传阵地，深入工人群众宣传马克思主义，推动工人运动发展。他曾在广州、番禺等地发动油业工人罢工，与资本家和商团进行斗争，并取得了胜利。1923年5月，周其鉴当选为青年团广东区委候补委员。同年6月，他和阮啸仙等人成立了新学生社，在广东、广西等地发展社员，团结广大学生参加革命活动。第一次国共合作后，周其鉴按照党的指示加入国民党，1924年11月11日，他当选为中国国民党广州市第一区分部执行委员，并成为国民党中央农民部特派员。周其鉴利用这一身份的便利，在广宁领导一支由共产党员、进步工人和革命青年组成的队伍开展农民运动。他在广宁组织农军、成立农会，并开展减租运动，有力地打击了当地反动势力，让广宁成为当时广东省农民运动开展得比较迅猛的一个县。1925年5月，由于在开展农民运动中成绩显著，他在广东省第一次农民代表大会上被选为广东省农民执委会委员。1926年1月，周其鉴就任广东省农会驻西江办事处主任，领导西江流域14个县开展农民运动，发展农会会员11万人。同年5月，周其鉴在广东省第二次农代会上作了《西江办事处会务报告》，并当选为省农民协会常委，成为广东农民运动的主要领导人。北伐战争前夕，周其鉴任省农会驻北江办事处主任，并参与创办了北江农军学校，大力推动了该地区农民运动的发展，为北伐军提供了有力支援。

同年，周其鉴还在毛泽东主办的第六届农民运动讲习所中兼任教员，讲授广宁高要曲江农运状况课程，介绍在西江和北江地区开展农民运动的经验。同时，他通过撰写《广宁农民反抗地主始末记》一书，记录了广宁农民运动的经过，并总结了发动、组织和武装农民进行斗争的经验。毛泽东对这本书评价很高，并将此书编入《农民问题丛刊》。

1927年蒋介石背叛革命后，广州形势危急。周其鉴不顾自身安危，前往清远将县农会改组为非常时期特别委员会，组建农军，并率领这支农军前往韶关与粤北农军、粤汉铁路工人纠察队会合，成立广东北江工农自卫军，他任工农自卫军副总指挥。同年7月，周其鉴率领北江工农自卫军参加南昌起义，起义后又随军南下，在会昌等地进行战斗，最后进入潮汕。起义军南下失利后，周其鉴转移到香港，继续坚持工作。1927年10月，周其鉴被选为中共广东省委候补委员，随后他返回广州参加广州起义，在起义总指挥部工作。他在《红旗版周刊》上发表了《北江农军远征述评》一文，号召全省工农团结起来继续战斗。

广州起义失败后，周其鉴回清远集中部分农军，继续坚持斗争。1928年1月23日，由于当地反动地主告密，周其鉴在清远被捕，于2月1日被反动派秘密杀害，年仅35岁。

周其鉴一生投身农民运动，和广大贫苦农民同甘共苦，结下了很深的阶级情谊。他忠诚于党和人民，被捕后面对敌人的威逼利诱、严刑拷打，始终坚定不移，展现出共产党人的英勇气概和大无畏的革命精神。

★ 阮啸仙

阮啸仙曾任中共广东省委农委书记、第三届广州农民运动讲习所主任、中央审计委员会主任、中共赣南省委书记等职，是著名的农民运动领袖，也是人民审计制度的创建者和奠基人。

1918年，阮啸仙考入广东省立第一甲种工业学校机械科。在校期间，他积极学习进步思想，并和周其鉴、刘尔崧等人成立了读书会，研究马克思主义思想。五四运动爆发后，他参与成立广东中等以上学校学生联合会，发动学生们进行游行示威，反对帝国主义。在开展学生运动的过程中，他逐渐意识到“提倡平民主义，打破军阀制度”，必须“商工农士，都要出来争人格，谋自由，监督政府，干预政治”。[①]1920年8月，阮啸仙在广州加入了社会主义青年团，随后又参加了马克思主义研究会，和进步青年一起学习研究马克思主义，并积极参与各种社会活动。1921年7月，阮啸仙正式加入了中国共产党。

1922年，阮啸仙从广东省立第一甲种工业学校毕业后，在党组织的安排下开始从事工人运动。他深入到油业工会、车船工会、革履工会、机织工会等工人群体中，和工人们交流，宣传革命思想。1923年，阮啸仙受陈独秀的委托，开始整顿广东团组织。在这个过程中，阮啸仙逐渐成为广东学生运动和广东团组织的主要领导者。在担任广东团委书记期间，他针对广东团内部纪律松散等问题，对团员们加强纪律和政策训练，使广东团组织成为“更有组织更有力量”的团体。在领导青年运动的过程中，他不断总结经验，提出

---

① 慕振东：《阮啸仙：肃贪战线的“铁算盘”，群众欢迎的“铁包公”》，中央纪委国家监委网站，2019年8月11日。

了青年学生只有和广大劳苦群众团结起来，才能成为变革社会的新势力，因为“劳苦群众是中国新的真势力，这种真势力得到学生的诚心引导，这可以做革命运动的重要分子，而且是最重要的分子，没有这真势力，学生自身也不能成为一种新势力”。这一年，他还和黄学增等人前往广东鹤山、顺德、花县、东莞、广宁等地的农村进行宣传和调查活动，工作重心逐渐转向开展农民运动。

1924年国共两党合作的革命统一战线建立后，阮啸仙将农民运动作为主要工作方向。他和高恬波、董学增等人来到花县开展农民运动，深入农民群众中进行广泛宣传。同年10月，花县农民协会暨二区农民协会成立。阮啸仙在当时的协会会址五湖村王氏大家祠显承堂门旁写下了“坚忍卓绝为吾人本色，奋斗牺牲是我辈精神”。1925年1月至4月，他在广州主持开办了第三届农民运动讲习所，担任农民运动讲习所主任。这一届农讲所共招收120多名学员，主要招收广东、广西等地的农民青年进行培训。阮啸仙开设了农民运动问题等课。此外，阮啸仙还兼任全部六届农讲所教员，他的弟弟阮致中也进入第五届农讲所学习。5月，他当选为广东省农民协会执行委员会常务委员，以组织部主任的身份深入顺德等地视察农民运动状况，动员农民拥护革命政府，并对省港大罢工的工友进行援助。他深入研究了广东、湖南、广西等地农民运动的问题与经验，结合长期领导农民运动的实践，撰写《中国农民运动》一书，全面阐述了农民运动在中国革命中的地位和作用。这本书对于指导农民运动的发展具有重要作用。1926年11月，中共中央设立农民运动委员会，毛泽东担任书记，阮啸仙和彭湃等为委员，领导全国农民运动。

1927年4月蒋介石背叛革命后，阮啸仙前往汉口出席了党的第五次全国代表大会，并当选中共中央委员。同年10月，他参加了广东省委在香港召开的联席会议，当选为省委委员兼任农委书记。1928年1月23日，他被任命为中共仁化县委书记，领导仁化人民开展土地革命和武装反抗国民党反动派的斗争。此后，他历任中央宣传部部长、中央审计委员会主任、中央北方局组织部部长等重要职务，为党的革命事业做出了重要贡献。1934年9月，阮啸仙在组织的指示下成立赣南省委，就任省委书记兼省军区政治委员。同年10月，中央红军主力进行战略转移，撤离中央苏区，阮啸仙留守领导赣南省委、省军区坚持游击战争。1935年3月6日，阮啸仙在江西信丰、大余交界的马岭战斗中不幸中弹牺牲，年仅37岁。

阮啸仙是最早认识到农民运动对国民革命重要性的共产党人之一。作为农民运动的领袖和中国审计事业的奠基人，他拥有敢于担当的政治品格和呕心沥血的敬业精神，他的一生体现了共产党人坚忍卓绝、奋斗牺牲的革命信念。

★ 萧楚女

萧楚女曾任广州农民运动讲习所专职教员、黄埔军校政治教官，是《中国青年》的创刊人之一，曾协助毛泽东编辑《政治周报》。他是杰出的革命理论家，著名的青年运动和农民运动领导人。

萧楚女父亲早逝，家道中落，他很小就在茶馆里当跑堂补贴家用，后来又在轮船上做伙夫。然而他意志坚强，在贫苦的生活中坚持自学，不仅把中学课本读完，还经常练习写作。辛亥革命后，他先是在《大汉报》任主编，后来又成为《崇德报》的主笔，并开始用“楚女”作为笔名发表文章，鞭挞反动政府的腐败。十月革命的胜利对萧楚女产生了重要影响，他开始积极学习和研究马克思主义，在思想上向共产主义靠拢。1920年，萧楚女加入恽代英成立的利群社。1922年，他在恽代英和林育南的介绍下正式加入了中国共产党。此后几年，他辗转多地为革命事业而工作。

1925年，萧楚女随同恽代英等人一同前往广州。1926年1月，国民党第二次全国代表大会在广州召开。会后，继续担任国民党中央宣传部部长的毛泽东决意对宣传部进行整顿，他聘任萧楚女为宣传部干事兼阅览室主任。在宣传部工作期间，萧楚女积极参与编辑《政治周报》，负责组织稿件和排版，并对毛泽东审定后的稿件进行校对和发行。在他们的努力下，《政治周报》

的发行量逐渐增加至四万多份。为了方便工作，萧楚女和当时任职宣传部秘书的沈雁冰先后搬到位于东山庙前街的毛泽东住所。由于毛泽东工作繁多，难以经常到宣传部办公，萧楚女和沈雁冰便每日早晨向毛泽东请示当天的工作后再步行回国民党中央党部办公。

1926年国民党中央农民部成立农民运动委员会，萧楚女任委员。农民运动委员会举行的第一次会议决定，由毛泽东担任第六届农民运动讲习所主任，萧楚女担任专职教员和教务主任。萧楚女坚持理论联系实际的原则，共设置了25门课程，他本人负责讲授帝国主义、中国民族革命运动史、社会问题与社会主义等课。为帮助学员深入了解各省农村的真实情况，萧楚女协助毛泽东把农讲所学生按照籍贯分成13个农民问题研究会，并指导学生进行研究。研究成果后来编印成了《农民问题丛刊》。由于毛泽东身兼数职，农讲所的很多工作实际上都是交由萧楚女负责，繁重的工作给他本来就不好的身体带来了重担。有一次，他在授课中途突然吐血，尽管坚持带病工作了一段时间，但最终日益加重的病情使他不得不住院休养。在病床上，他依然十分关心农讲所的工作和学员们的学习情况。由于肺病不能多说话，他就让学生们把问题写在纸条上，看过后再一一在纸条上作答。学员们毕业前要到海丰等地实习，萧楚女带病领队，让他们有了很大收获。

萧楚女在农讲所授课期间，还曾在国民党政治讲习班上讲授国际主义和民族问题、社会主义两门课程。第六届农讲所结束后，萧楚女担任黄埔军校政治教官，兼任军校特别党部宣传委员会政治顾问，主要负责协助指导整治工作。在此期间，他主编了《黄埔日刊》的政治问答板块，并在《黄埔日刊》上发表了多篇文章。他在文章中号召学生应与工农群众团结起来，并无情揭发帝国主义的恶行和国民党右派的阴谋。

1927年初，中共与国民党反动派的斗争进一步激化，萧楚女又连发了《帝国主义软化政策之真面目》和《民主集权制的说明》等文章，指出要防止国民党的官僚化。随着局势恶化，萧楚女的工作不断增加，他的病情再次恶化。1927年3月，他不得不再次入院治疗。就在他住院后不久，蒋介石背叛革命，广州陷入白色恐怖之中，萧楚女不幸被捕，被押于南石头监狱。狱中，面对敌人的酷刑，他始终坚持斗争，最终被反动派杀害，牺牲时年仅36岁。

萧楚女才华出众、胆识过人，展现了共产党人敢想敢干、积极进取的精神风貌。他曾经把自己的人生观形容成是“蜡烛人生观”：“人生应该如蜡烛一样，从顶燃到底，一直都是光明的。”[①]他的一生拼尽全力燃烧了自己，点燃了无数革命的火种，直至生命的最后一刻。

广州青年运动和妇女运动领导人

广东是中国社会主义青年团第一次全国代表大会的召开地和早期中国青年运动的重要地区之一。五四运动后，广东地区涌现了一批思想进步的青年运动领导人。在他们的领导下，许多进步有为的广东青年积极投身反帝反封建革命运动，参与并推动国民党改组工作，努力捍卫革命成果，有效推动了马克思主义在广东地区的传播和影响，为国民革命运动的开展做出了不可磨灭的贡献。这一时期，何香凝、邓颖超、蔡畅等人领导的国民党妇女部和广东妇女解放协会在广东地区开展了声势浩大的妇女解放运动。她们致力于推动妇女运动的统一，并在省港大罢工运动以及东征、南讨、北伐等重要事件中做了突出贡献。比如进行政治宣传与动员、开展职业教育活动和慈善救护事业、在战场上救护伤员等，展现了广东妇女运动的崭新面貌，在中国的妇女运动史上写下了光辉的一页。

黄居仁

黄居仁曾任青年团广州地方委员会书记兼团广州地委组织部部长、中

---

① 辰星：《萧楚女：黄埔军校最受欢迎的精神导师，人生应该如蜡烛一样》，万象历史网，2020年4月22日。

央广东区委青年运动委员会书记，并兼任青年团广东区委书记等职。他是广东省早期青年运动先驱与领导人之一，与阮啸仙、刘尔崧一起被称为“东江三杰”。

黄居仁家境贫寒，17岁就离开家乡到佛山一间织布厂当针织学徒。1922年，在亲友的资助下，他进入广东省立第一甲种工业学校染织专业学习。1923年6月17日，广东新学生社成立，黄居仁与阮啸仙、刘尔崧、高恬波等人是主要的组织者，在他们的领导下，学生积极开展了“争回教育权、反对帝国主义文化侵略”等反帝反封建学生运动。同年，黄居仁加入了中国社会主义青年团。1924年11月13日，社会主义青年团广东区委召开委员会议，黄居仁负责组织工作。

1925年初，黄居仁加入中国共产党，随后调任青年团广州地方委员会书记兼青年团广州地委组织部部长。在此期间，黄居仁按照党组织的指示，发动广东工团军、农团军中的团员、青年，协助周恩来率领的东征军进行保卫广东革命政府的战斗，参与平定军阀杨希闵、刘震寰的叛乱。在他任职共青团广东区委宣传部部长期间，黄居仁举办训练班，给团员和建团对象上团课，并亲自讲授共产主义与共产党、共产党和共青团的关系等课程。1926年7月，黄居仁动员青年和团员积极参加北伐国民革命部队。他大力宣传参加国民革命军对打倒帝国主义及封建军阀的重要意义。在他的动员下，青年学生纷纷参加北伐军。黄居仁在团广东区委工作期间，注重组织建设和提高团员素质。他除了加强组织建设和工作训练外，还主持举办各种训练班，并经常深入学校的新学生社和青年中调研，帮助他们解决发展团组织问题。他还创办了团机关刊物《少年先锋》，宣传鼓动与指导广大青年走上革命道路。黄居仁在广州沙面、工厂、电话局、铁路工人中建立团支部，并在工厂中开办平民学校，还分别主持召开了省港青工、女工大会，通过了女工保护法。

1927年春，黄居仁任共青团广东区委书记，当时广东革命形势严峻，他不得不转入地下，并担任中共汕头市委书记，继续坚持斗争。同年12月，中共广东省委调黄居仁回广州市，担任省委巡视员，参加广州起义的筹备工作，负责发动青年、工人参加广州起义。广州起义爆发后，他发动工人赤卫队参加攻下敌公安局的战斗，并攻占了东区的部分敌人据点。广州起义失败后，黄居仁撤退到东江，被委任为中共惠阳县委书记。

1928年1月5日，广州起义部队红军第四师到达海丰后，时任省委巡视员黄钊与东江特委常委林道文在四大半围召开县委会议，宣布中共惠阳县委直属广东省委领导，县委书记黄居仁主持苏维埃政权的创建工作。2月21日，黄居仁主持召开县常委扩大会议，通过惠阳县苏维埃组织法等规定和实行土地革命决议案，酝酿通过苏维埃政府组成人员提名。26日，惠阳县工农兵代表大会召开，大会选举产生县苏维埃政府，黄居仁就任苏维埃政府执行委员，同时宣告惠阳县苏维埃政府正式成立。

同年5月，黄居仁根据中共广东省委指示，返回广州担任省委巡视员，协助时任中共广州市委书记的吴毅，参与恢复健全党、团组织工作。他的妻子张雪英则在中共广州市委内从事青年团工作。他们并肩战斗，大力发展党组织。①1928年8月，黄居仁与张雪英在家中双双被捕。11月，黄居仁夫妇在红花岗刑场英勇就义。牺牲时，黄居仁年仅25岁，张雪英年仅24岁。

虽然黄居仁的一生短暂，但他对中共早期革命运动做出了卓越贡献。他始终以共产主义事业为己任，不怕牺牲、敢于担当，积极投身轰轰烈烈的革命运动而奋斗终生的革命精神，值得我们学习、传承和弘扬。②

★ 张善铭

张善铭曾任广东区团委书记、国民革命军第四军政治部主任、中共东江特委书记等职。他和彭湃等人策划了东江地委武装起义，建立海陆丰工农民

① 叶文斌：《广东青年运动的杰出领袖——黄居仁》，惠阳区委党史办网站，2018年6月14日。

② 吴奕镇：《碧血洒南粤，浩气汇东江　龙川先烈黄居仁为红色政权播下革命火种》，《河源晚报》2018年6月21日。

主政权，并创立东江革命根据地。在广州起义中，他在张太雷牺牲后代理省委书记，并当选为广东省委常委、军委主席。

张善铭出生于广东大埔县一个贫苦农民家庭。1920年，他考入广东省立第一甲种工业学校。在校期间，他在谭平山的影响下，于同年11月参加了广州社会主义青年团建团大会。1921年，他加入马克思主义研究会，随后加入中国共产党，成为中共广东支部的早期党员之一。入党后，他积极协助谭平山恢复广州青年团的活动，筹建广东新学生社。广东新学生社成立后，张善铭就任社主任。一年之内，广东地区的大部分城镇及香港等地都建起了分社，社员更发展到五六千人。新学生社社员积极配合各地工农运动，成为一支革命新军。

1923年7月，张善铭从学校毕业，立即投身广东青年运动。随后，他在中共广东区委的安排下以个人身份加入国民党。同年10月，张善铭当选为社会主义青年团广州地委书记及国民党广州市第一区分部委员。1924年1月，张善铭就任国民党中央党部下属青年部秘书。为了进一步发展广东地区青年运动，他和阮啸仙等人一起将广州学生联合会改组成革命青年团体，并发动广州青年学生举行了反对帝国主义利用宗教进行文化侵略等斗争。

1924年6月，张善铭受中共广东区委推荐、中共中央派遣，前往苏联东方大学红军学校中国班学习。1925年6月返回广州，随后当选为共产主义青年团广东区委书记，领导广西、广东、闽南团的工作。国民革命军第二次东征后，他调任国民革命军第四军任政治部主任，随军讨伐南路叛军邓本殷。南征结束后，他因为肺病严重不得不停止工作，在中共广东区委的安排下到广州休养治疗。

1926年8月，张善铭奉命前往海陆丰协助彭湃领导中共海陆丰地委工作。他带病工作，在海丰县城举办了多期党员骨干训练班，为海陆丰地区培养了大批革命干部。1926年11月，他继任中共海陆丰地委书记。在他的领导下，中共海陆丰地委对党、团组织进行了整顿，清除了右派和动摇分子，巩固了党的组织，并在海丰城鉴湖创办党校，举办军事骨干训练班，在学员中建立党的支部，组织政治学习和军事技术训练。这些学员后来被分配到海丰、陆丰各地从事革命工作，成为革命的骨干力量。

1927年4月下旬，海丰县城成立中共东江特委，张善铭担任特委书记。他和东江特委的成员策划组织了5月1日、9月15日和11月1日三次海陆丰农民武装起义，建立工农民主政权。东江起义失败后，他带领起义部队转移到海、陆、惠、紫四县边界，创立农村根据地。10月15日，张善铭当选中共广东省委候补委员。11月，他在省委的安排下回到广州参加广州起义的筹备工作，协助时任中共广州市委书记黄平组织郊区农军。起义失败后，广东省委书记张太雷牺牲，张善铭当时正在香港负责收容起义流散人员，随即被李立三指定为中共广东省委代理书记。

1928年1月，在中共广东省委会议上，张善铭就任常委、军委主任，随后调任中共北江特委书记，发动北江农民暴动。2月，中共广东省委被破坏后，他复任省委常委。4月，他被省委派回海陆丰任特派员，指挥东江暴动。为缩小目标，张善铭隐蔽在岸边一间渔民放置渔网的小草房里，不幸遇上敌人前来搜查，随即被逮捕，不久被敌人杀害，年仅29岁。[①]

张善铭为广东早期青年运动和广东武装斗争做出巨大贡献，他所树立的革命形象正是共产党人的真实写照。他的牺牲展现了早期共产党人对革命信念的虔诚。

★ 邓颖超

邓颖超，曾任中华全国妇女联合会第一至第三届副主席、党组副书记和第四届名誉主席，第六届全国政协主席。邓颖超是伟大的无产阶级革命家，著名的社会活动家，是党和国家的卓越领导人，也是中国妇女运动的先驱。

邓颖超1904年生于广西南宁，少年时期前往北京和天津读书。学生时期

---

① 卓加里：《张善铭》，中华英烈网，2013年10月21日。

邓颖超

她就开始投身青年运动和妇女运动。1919年五四运动时，她和周恩来、马骏等人共同领导天津的学生爱国运动，组织觉悟社，并领导组织进步的妇女学生团体开展革命活动。1924年，邓颖超加入中国共产主义青年团，次年加入中国共产党。由于她在领导妇女运动工作中表现出色，不久被组织安排就任中共天津地委妇女部部长。

1925年8月7日，邓颖超在组织的安排下来到广州，和周恩来会合。次日，她到中共广东区委报到，时任中共广东区委委员长陈延年接见了她。由于她对领导妇女运动具有丰富的工作经验，因此她马上被委以重任，就任中共两广区委妇女部部长并兼任国民党广东省党部妇女部秘书，协助当时担任国民党中央妇女部部长的何香凝工作。8月8日晚上，邓颖超和周恩来在广州北京路上的太平西餐馆举办婚宴，正式成婚。

在陈延年和何香凝等人的介绍和指导下，邓颖超很快熟悉了广东妇女运动状况。她帮助何香凝制定各种妇女工作计划，起草各种报告、总结，有时代表何香凝出席妇女部的各种会议。邓颖超与何香凝常常一同工作，出席会议和活动，两人结下了深厚的革命情谊。1925年8月20日，廖仲恺被国民党右派暗杀。邓颖超十分震惊和悲痛，她立刻前往慰问何香凝，并在当天下午的省港罢工工人会议上发表演说，号召工人们“负起民族解放的责任，作国民革命的先锋，化悲痛为力量，踏着廖仲恺先生的血迹前进！”廖仲恺遇刺后，邓颖超时常照顾何香凝的生活，并主动承担起妇女部的工作。她还出席了广州新学生总社召开的悼念廖仲恺大会。对于缉拿刺杀廖仲恺的凶手，邓颖超和周恩来等共产党人态度坚决，给了何香凝巨大的支持。[①]

同年10月，周恩来前往潮汕担任东征军总指挥部总政治部主任兼国民革命军第一军党代表。11月20日，邓颖超前往潮汕，协助周恩来整理党务，指导妇女工作。[②]她在汕头市妇女联欢会上以广东省妇女解放协会的名义做了《今后的妇女运动和对汕头妇女界的希望》重要报告。她对中国妇女运动的发展进行了详细分析，为中国妇女运动的发展指明了方向。在邓颖超的领导和推动下，潮汕地区的妇女解放运动发展迅速，梅县、潮安、揭阳、澄海等地成立了广东妇女解放协会分会，广东各地也纷纷建立妇协组织。各地妇协除了开展妇女权益斗争外，还积极投身革命，参与了省港大罢工、东征、南讨、北伐战争等重要革命事件，成为一支重要的革命力量。邓颖超在潮汕地区工作的短短几个月成果斐然，极大地推动了潮汕地区妇女运动乃至广东各地妇女运动的蓬勃发展。

1926年的三八节后，邓颖超随周恩来回到广州工作。她组织各界妇女开展维护妇女切身利益的斗争，通过各界妇女团体和各种集会提出了保护妇女权益的《妇女运动决议案》，决议案提出要“实现男女平等，女子有选举权、被选举权和财产继承权，禁止纳妾与蓄婢，结婚、离婚绝对自由，保护被压迫而逃婚的妇女，男女同工同酬，提高女子教育”等。为了支持北伐战争，邓颖超组织妇女运输队、救护队和宣传队随北伐军出征。北伐战争期

---

① 张启良：《邓颖超在广东的革命岁月》，《红广角》2010年第10期。

② 黄海英：《妇运先驱　妇女风范——浅谈邓颖超在中共广东区委工作的杰出贡献和影响》，《传承》2013年第7期。

间，邓颖超还十分注重妇女干部的培养。邓颖超曾指出："妇女运动之发展与否，当视本党妇女人才之多少为断。"[①]为培养妇女干部，邓颖超等人组织举办了广州第一个妇女运动讲习所，她亲自到讲习所授课。她还建议国民党广东省党部与中山大学特别党部合办训练班讲习所，她本人亲任所长，讲学员从广东地区的妇女中选送，为后来妇女运动的开展打下深厚基础。8月6日，广东妇女联合会在广州召开，会议选举产生了国民党从中央到省及市的三级妇女部的组织机构，广东地区的妇女运动逐步实现统一，妇女运动的开展步上新台阶。

1927年初，国民党反动派发动反革命政变，广州局势危急。为了躲避国民党反动派的搜捕，即将临盆的邓颖超在广东妇女解放协会秘书长陈铁军等的掩护下，住进广州西关长寿路一家德国教会办的妇产医院。然而她不幸难产导致婴儿夭折。随后在陈铁军等人帮助下，邓颖超被秘密转送出广州，并一路辗转由香港转道上海，开始了新的革命征程。

新中国成立后，邓颖超历任第一至第三届全国妇联副主席，及第四届全国妇联名誉主席。她同时也是中国共产党第七届中央委员会候补委员，中国共产党第八至第十二届中央委员，第四、第五届全国人大常委会副委员长，政协第六届全国委员会主席。1992年7月11日，邓颖超在北京逝世，享年88岁。

邓颖超重视保护妇女儿童的合法权益，积极培养妇女干部，热情鼓励优秀妇女和先进典型，号召广大妇女奋发图强，做自尊、自信、自立、自强的新女性，为增进中国妇女同各国妇女的友谊、推动世界和平运动做了大量工作，赢得了各国妇女的敬重。邓颖超为中国革命、建设和改革事业毫无保留地奉献了自己的一切，是20世纪中国妇女的杰出代表，也是中国妇女的骄傲，在国内外享有崇高声誉，深受全党和全国人民的尊敬和爱戴。[②]

① 张启良：《邓颖超在广东的革命岁月》，《红广角》2010年第10期。

② 胡锦涛：《在纪念邓颖超同志诞辰100周年座谈会上的讲话》，《人民日报》2004年2月11日。

蔡畅

蔡畅，历任中华全国妇女联合会第一至第三届主席、第四届名誉主席，第四、第五届全国人大常委会副委员长，中国共产党第七至第十一届中央委员会委员，国际民主妇女联合会副主席。蔡畅是无产阶级革命家、中国女权主义领袖，是中国妇女运动的领袖和国际进步妇女运动的著名活动家。

蔡畅是蔡和森的妹妹，她在少年时期便受到哥哥蔡和森及其好友毛泽东等人的影响，积极参加反帝反封建的青年运动。1919年，蔡畅跟随哥哥蔡和森、嫂子向警予一起前往法国勤工俭学。留法期间，蔡畅参加了新民学会。新民学会重视女性、积极吸收女学生入会，这段经历和留法期间参与的政治活动，深刻改变了蔡畅。她在留学期间初步形成了男女平等、女性参政议政的思想。同时，她对于社会改造的想法逐渐变化，她渐渐意识到，要改造旧体制，必须通过革命，方能从根本上彻底解决男女平权问题，同时也坚定了马克思主义信仰。1922年，她在赵世炎、刘伯坚的介绍下，加入中国社会主义青年团旅欧支部，次年转为中共党员，立志成为倡导中国妇女解放运动的先锋。为了方便党的工作，蔡畅从里昂转到巴黎，白天做工谋生养家，晚上做党的宣传工作。在一次留法学生聚会中，蔡畅邂逅了同为进步留学生的李富春。1923年3月，两人在法国完婚。

1924年底，党组织安排蔡畅和李富春等人前往莫斯科，进入东方劳动者共产主义大学中国班学习。在苏联学习期间，蔡畅进一步学习了马克思主义妇女解放理论。她提出“中国妇女若求彻底的解放，只有团结起来，积极参加革命运动”。1925年8月，蔡畅从苏联回到上海，随后在党组织的安排下来到广州，担任中共两广区委妇委书记，参与北伐战争的动员工作。时值第一次国共合作期间，她根据中央决定，以个人名义加入国民党，与邓颖超一起进入国民党中央妇女部工作，担任妇女部干事，协助妇女部部长何香凝领导妇女运动。1925年底至1926年初，蔡畅利用中山大学的教室，为妇女解放协会举办了一个不脱产的妇女运动讲习班。蔡畅负责讲习班的管理工作，并亲自授课。这个讲习班夜间上课，学员主要有具备解放意识的广州女工、女学生和家庭妇女等。讲习班主要是向学员们宣传革命道理，讲述国内外形势和国民党左、右派间斗争，以及开展妇女工作的方法。讲习班先后办了两期，每期两个月，共培训妇女干部156人。省港大罢工与北伐战争期间，蔡畅提出了妇女解放运动要同国民革命运动相结合，同工人阶级解放运动相结合的方针。她积极组织妇女参与支援省港大罢工和北伐战争，有力推动了两广地区妇女解放运动的发展。1926年9月，国民党中央妇女部在广州举办了一个妇女运动讲习所（简称“讲习所”），蔡畅担任教务主任。这个讲习所主要面向各地选送来的妇女运动积极分子，讲授关于妇女解放运动的理论和实践经验，同时也讲政治理论、工运、学运、军事等方面的内容。蔡畅积极邀请中共早期的领导人如邓中夏、恽代英、阮啸仙、萧楚女、刘尔崧、杨殷等人到讲习所为学员授课。她本人也亲自讲授政治常识和社会发展史。讲习所学员毕业后大部分成为全国妇女运动的骨干，他们回到原地区领导当地的妇女运动，把妇女运动的火种播撒到全国各地。

北伐战争期间，蔡畅先后任中共江西省委、湖北省委妇女部长，大力培养妇女干部，领导建立妇女解放协会，两省妇女运动迅速发展。①大革命失败后，蔡畅历任江苏省总工会女工部部长、中共南方局妇女部部长等职。她先后在上海、香港等地领导女工进行地下革命斗争。1934年1月，蔡畅当选为中华苏维埃共和国中央执行委员会委员。同年10月，她跟随中央红军参加长征。抗日战争时期，蔡畅作为中共中央妇委书记，领导组织广大妇女投入抗日斗争。解放战争时期，蔡畅在组织的安排下前往东北，就任中共中央东北局妇委书记，继续领导妇女解放运动。新中国成立后，蔡畅连任中华全国妇女联合会第一、二、三届主席兼党组书记，并在1978年第四次全国妇女代表大会上当选为名誉主席。1990年9月11日，蔡畅于北京病逝，享年90岁。②

① 姬丽萍、罗艳：《蔡畅与20世纪中国妇女运动》，《百年潮》2020年第5期。

② 何梓林、夏远生：《二十世纪湖南人物》，湖南人民出版社，2001年版。

蔡畅是引导妇女解放的先锋。新中国成立后，发动妇女参加社会主义建设，维护妇女权益，呼吁妇女参政议政。她致力于扩大中国妇女运动的世界影响，为国际进步妇女运动的发展做出了巨大贡献。[①]

高恬波

高恬波，广东第一个女共产党员，阮啸仙的妻子。曾任国民党中央妇女部干事、团粤区委妇女机关部第一任书记、中共广东区委妇委委员、广东妇女解放协会调查部书记、中共江西省委妇女部部长等职。

高恬波生于广东省惠阳县的一个医生家庭。少年时她被父母包办嫁给一个纨绔子弟。为了脱离封建家庭的折磨，她在17岁时逃家到广州市妇孺产科学校学习。学习期间，她受到五四运动的启蒙，开始参加青年运动，并于1919年加入广东学生联合会。1923年6月，她加入中国社会主义青年团，并在阮啸仙领导的广东新学生社担任执行委员会常务委员，主要负责妇女工作。这一年她和阮啸仙成婚。

1924年，国共第一次合作期间，高恬波以个人身份加入国民党，担任国民党中央妇女部干事，同何香凝、蔡畅、邓颖超等人共同从事妇女运动。为了发动各阶层的妇女，高恬波常常前往工厂、学校和街道与妇女们交谈。有时她还会跑到珠江边的小艇上，和艇家妇女拉家常，鼓励她们为妇女解放而斗争。同年7月，高恬波进入第一届农民运动讲习所学习。这段学习经历让她明白了农民在中国革命中的重要作用，她决心投身农村妇女的解放事业。学习结束后，她担任农民运动特派员，前往广东花县、顺德、中山、潮梅等地农村，发动劳动妇女，开展农民运动和妇女运动。为了同群众沟通，高恬波努力学习各地方言，她极具语言天赋，在很短的时间内便能熟练使用客家话、潮州话等方言，能流利地和当地农民妇女交谈，并且运用通

① 姬丽萍、罗艳：《蔡畅与20世纪中国妇女运动》，《百年潮》2020年第5期。

俗易懂的语言向群众传播革命道理。在她的领导下，花县等地的农民协会都通过了“取消送租”“取消大斗租”等决议。1924年11月，共青团广东区委妇女支部成立，高恬波就任广东妇女支部第一任书记。她发起成立广东女界国民会议促成会，并向全国妇女界发出通电，号召全国妇女积极投身解放运动。

1925年，省港大罢工爆发后，为了安排大批返回内地的香港女工和工人家属，妇女部开办了草鞋厂、缝纫厂等，高恬波兼管草鞋厂的工作。她十分关心罢工女工的工作和生活。当了解到罢工妇女多为文盲后，高恬波马上组织举办了妇女识字班，她亲自担任文化教员，教导女工识字、写字、唱革命歌曲。高恬波经常陪同何香凝前往工厂了解女工的生存状况，当得知贫困女工就医艰难的情况后，她提出以妇女部名义筹办贫民医院。为了解决经费，她积极向海外募捐。贫民医院开办起来后，高恬波负责医院的管理工作，免费为赤贫妇女治病。

1925年冬，为了配合国民革命军北伐，何香凝、邓颖超组织成立了军人家属妇女救护员传习所，培训北伐救护人员，高恬波到传习所讲授包扎技术。1926年，高恬波就任救护队队长，带领女救护人员随军北伐。随军期间她负责宣传工作，教育战俘，为北伐胜利做出了卓越贡献。

1927年12月，高恬波带领妇女救护队参加广州起义，组织领导妇女救护伤员。广州起义失败后，她在党组织的安排下前往江西省委工作。1928年她担任中共江西省委特派员，活动于南昌、赣州等地。1929年12月，由于叛徒出卖，高恬波不幸被敌人逮捕。在狱中，面对敌人的威逼利诱，她始终坚贞不屈，最后英勇就义，年仅31岁。①

从冲破封建家庭束缚到投身妇女解放运动，高恬波始终走在斗争的前列。她对党忠诚、敢于斗争、不怕牺牲，保持了一个共产党人的高尚品格和革命气节。高恬波的一生，是革命的一生、战斗的一生，也是为党和人民无

① 王文：《高恬波》，中华英烈网，2013年10月23日。

私奉献的一生。她的革命人生虽然短暂，但她的革命初心和斗争精神永远激励着后辈为实现民族复兴而不懈奋斗。[1]

黄埔军校中的共产党人

1924年，黄埔军校在广州创办。尽管黄埔军校是由国民党创办，以培养国民党军事人才为主要目的的学校，仍有不少共产党员在黄埔军校学习后，成为中国共产党军队的骨干力量，他们为中国革命的胜利做出巨大贡献。以周恩来为首的中共党员进入黄埔军校后，积极传播马克思主义，吸纳了一批先进学生入党，壮大了党的有生力量。中国共产党与国民党合作创办黄埔军校，展现了共产党人逆境求存、明辨是非的品格。

★ 周恩来

周恩来是伟大的马克思主义者和无产阶级革命家、政治家、军事家、外交家，是党和国家主要领导人之一，中国人民解放军主要创建人之一，中华人民共和国的开国元勋。

1917年周恩来赴日本求学，这期间开始接触马克思主义。1920年他又前往欧洲留学，对马克思主义的认识进一步加深，并在1921年正式加入中国共产党。1924年，周恩来留学回国，9月，他乘坐“佛山号”轮船抵达广州。10月，周恩来被任命为广东区委委员长兼宣传部部长。随后，他进入黄埔军校担任政治教官，并于11月就任黄埔军校政治部主任。周恩来上任后，从选拔政治人才和改进机构两方面着手全面开展工作。周恩来从第一期的毕业生中选调了杨其纲、洪剑雄、蒋先云、李之龙等共产党员到政治部任职，并经

---

① 苏琪：《广东第一位女共产党员高恬波》，《南方》2020年第12期。

周恩来

常与教职员工和学生交流，征询他们的意见建议。在一次谈话中，周恩来指出，政治部过去只是个空架子，学生在政治上受革命思想的熏陶很有限，今后政治部必须努力改变这种现状。为提高政治部的工作效率，他效仿苏联创建红军的经验，设置指导、编纂、秘书三股。指导股负责基本政治知识教学、组织讨论会和指导学生学习；编纂股负责军校学生和教导团官兵训练计划，编纂革命教材和讲义，并负责编辑宣传刊物；秘书股则负责日常行政事务。为进一步培养宣传人才，周恩来亲自主办政治训练班，负责见习官和见习党代表的政治训练。

周恩来不断创新政治部工作方法，完善教学形式。1925年4月，周恩来随军东征。其间，他制定了师部、团部、营部等各级小组和党部小组定期开会的制度和《本校政治部政治指导员条例》，规定各部队须设政治部及政治指导员。在周恩来的主持下，政治部还颁布了《宣传队组织条例》《学生队学生遵守规则》等各类有关政治工作的规范守则。为启发学生对政治学习的研究兴趣，政治部还设置了问答箱，军校学生可以将自己在学习上的疑惑以信函的方式放进问答箱，由政治部主任、教授以书面或者口头的形式答疑。为了贯彻国共合作的精神，周恩来开设中国国民党史和三民主义两门课程，并在课程设置中加入了社会主义的内容。在周恩来的主持下，有关社会主义、马克思主义的书籍，军校学生都能购阅。中国共产党的机关报《向导》、共青团出版的《中国青年》等报刊也陈列于阅览室供学生阅读。黄埔军校经常邀请国共两党重要人物前来讲演汇报。借助这种先天的优势条件，周恩来领导政治部进一步计划各类演讲，制定《官长政治教育计划》，对特别演讲的老师、学院、演讲日期、地点等都有详细安排，每次演讲都由政治部派员笔记，在最短时间内整理印发。1925年7月1日，在黄埔军校第三期学生开学典礼上，周恩来亲自为学生做特别演讲，告诫学生们“我们不仅是中国国民党的党员，并且还是一个革命的先锋”，并希望“各位作无线电机，将革命的思想传到全中国，使全国的民众革命化。再希望各位不要自高自大，要虚心求学，以达到学业成功，而实行革命”。1925年1月，在周恩来指导下，军校组织成立了血花剧社，演出《黄花岗》《鸭绿江》《还我自由》等著名话剧。[①]

1926年3月20日，蒋介石谎称共产党人指挥的中山舰要炮轰黄埔，擅自下令逮捕海军局代局长、共产党员李之龙和第一军中的共产党员，同时下令黄埔戒严。周恩来对此向蒋介石提出严正质问，却被软禁了一天。随后，250多名共产党员被迫撤出国民革命军第一军及黄埔军校，周恩来也被迫辞去第一军副党代表兼政治部主任的职务。中山舰事件发生后，周恩来认为这批被迫退出第一军和黄埔军校的共产党员是党在军队中的重要力量，应该把他们组织起来。5月22日，周恩来在广州大佛寺里的东西两廊举办高级政治训练班，他本人担任班主任，吸收了50多名从第一军及其他部门被蒋介石排挤出来的共产党员进行学习，培养高级政治干部，以满足北伐军政治干部的需要。

1925年，由于当时邓颖超作为中共天津地委妇女部部长，已经遭到北

① 苏昕宇：《青年周恩来与黄埔军校政治部》，《广东青年职业学院学报》2018年第4期。

洋政府通缉，党组织决定将邓颖超调去广州工作，并同意周恩来邓颖超结为夫妇。8月7日，邓颖超抵达广州，她按照周恩来信中的图示，直奔文德楼。周恩来得知邓颖超即将来广州后，特意让当时作为警卫副官的陈赓买了两盆鲜花，摆在住所的窗台上。8月8日晚，由张申府出面，周恩来在北京路上的太平西餐馆举行了简单的婚宴仪式。参加婚宴的有共产党的陈延年、恽代英、彭湃、熊雄、蒋先云、陈赓等人，以及国民党的邓演达、何应钦等人。婚宴结束后，周恩来还与邓颖超拍下婚照，并寄给亲友，以报告他俩结合的喜讯。

1927年12月广州起义爆发，时任中共中央政治局常委的周恩来参加了广州起义的决策和领导工作。他虽然没有来到广州亲自领导广州起义，但始终关注和指导着广州起义的筹备和发动。起义失败后，他对广州起义做了中肯的评价，并正确总结了广州起义的经验教训。

周恩来在黄埔军校大力建立中共党组织，开展了许多创造性的工作，为党培养了大量的军事人才。他和后来黄埔军校出来的一些国民党高级将领保持了良好的师生感情，也为其在抗日战争与解放战争中成为国共两党联系的纽带打下了坚实的基础。他一生致力于为中华民族伟大复兴的革命实践，参与创造了“亲爱精诚、团结合作”的黄埔军校精神，展现了一名共产党人的家国情怀。

★ 恽代英

恽代英曾任黄埔军校第四期政治教官，是党的早期青年运动领导人之一。

1913年恽代英进入私立武昌中华大学学习，在校期间他积极参与学生运动，组织成立了学生进步社团——互助社。恽代英是武汉地区五四运动主要领导人之一，曾当选为中国社会主义青年团中央执委会候补委员、宣传部主任，他创办和主编的《中国青年》影响了一代青年人。1920年他和萧楚女等人组建中国社会主义青年团，并于1921年正式加入中国共产党。

第一次国共合作之初，恽代英兼任国民党上海执行部农工部秘书。当时国民党右派意图分裂革命统一战线，并做出了一系列破坏国共合作的行为。1926年1月中国国民党第二次全国代表大会在广州召开，恽代英作为中共党团的干事赴广州参会，并被选为国民党中央执行委员。在会上，他怒斥分裂统一战线的反共言论，“如果本党丢了三民主义，我便要反叛起来，这是没有什么客气的。我的入党是因为想做官吗？想要认识某要人吗？我完全是因为国民党能反对帝国主义、军阀，为被压迫农工利益而奋斗所以来的”；“总而言之，各位同志不要管我是不是共产党，只要问我是不是实行三民主义，如果有违背三民主义去做反革命的事情，便马上可以拿去枪毙，如果没有，便不能开除，我的理由这里说得很明白了，如果你说我是共产派，我这个共产派便是这样主张的”。

国民党二大结束后，恽代英留在广州工作，就任中共广东区委委员、区委军委委员。在任期间，他坚决与反对孙中山三大政策、分裂革命统一战线的新老右派做斗争。恽代英积极参加各种社会活动。1926年，他在欢迎省港罢工工友代表大会上发表了热情洋溢的讲话。随后又在周恩来的邀请下，出席了东江各属行政会议，并巡视潮汕各地半个月。所写的《旅行潮汕的感想》刊登在《人民周刊》第七期上，热情赞扬周恩来领导下潮汕各地取得的斐然政绩。他还曾经在农讲所授课，主讲《中国历史概要》和时事政策，并在邓中夏任院长的广州劳动学院讲授中国民族革命运动史等课程。

恽代英在广州工作期间非常重视共青团的工作，经常到团广东区委指导工作，并在团区委机关报《少年先锋》上发表了多篇文章。这些文章鼓励青年人正确认识国内形势，坚持革命斗争，树立远大理想，建立正确的人生观和恋爱观，为共产主义而奋斗。

1926年3月底，恽代英受中共广东区委委派到黄埔军校任政治主任教官、中共党团书记，以加强党的力量。恽代英上任后，在黄埔军校提出了数项改革措施：一是把政治科的课程由原来的14门增到26门；二是采取灵活多样的教学方法形式，通过政治讲演、讨论会、政治问答、政治调查等方式丰富课堂；三是成立宣传队、血花剧社等学生社团；四是编印参考资料发给学员和革命军阅读。他还编写了《政治学概论》《党纪和军纪》《军队中政治工作方法》等书籍。

在黄埔军校内部以共产党员、共青团员为核心的青年军人联合会和以国民党右派为骨干的孙文主义学会两派矛盾很深，斗争的焦点主要是如何对待孙中山的“联俄、联共、扶助农工”三大政策。恽代英在《军队中政治工作方法》一文中，借解释孙中山三民主义的本质来阐明共产主义与三民主义两者并不矛盾：“本党因为实行三民主义，所以最注重农工运动，而有些人一听到人家说农工运动，便说他是共产党员，他来宣传共产主义了，难道农工便只是与共产主义有关系的么？党的宣言、国民政府的宣言，都明明说注重农工运动，保护农工利益，帮助农工组织，大家偏偏不懂。国民政府的宣言甚至还说过，土地是用来养人的，不应该占为私有，地主不耕田而收租，这是不当之利。这些话有几人敢为党宣传呢？我们天天讲三民主义，却是有一批三民主义的信徒，思想上根本是与三民主义相反的。”①

恽代英主讲的课程有社会发展史、社会问题、帝国主义侵略史、国际政治等。他的讲课善于理论联系实际，生动活泼，说服力很强，还鼓励学生向他提问并做出解答。1926年国民党中执委和各省代表联席会议在广州召开，为了在北伐军中推广黄埔军校的政治工作制度，恽代英提议并支持通过了关于军队中必须设立党代表的决定，特别强调政治工作的重要性。

1927年11月26日，张太雷召开了广东省委常委会议，决定立即发动广州起义。12月6日，恽代英回到广州，参加了省委紧急会议。此次会议通过了恽代英起草的《广州苏维埃政府告民众书》《广州苏维埃政府宣言》等文件。会后，恽代英马上安排地下印刷厂印刷起义相关的文稿和宣传材料。11日凌

① 申富强、李良明：《恽代英军队政治工作思想及其历史价值》，《光明日报》2017年8月9日。

晨1时多，恽代英陪同张太雷等起义领导人前往教导团举行誓师大会。会上，恽代英做了简短的讲话，他说，“我离开你们好几个月了，很想念大家，我知道你们每个人的头脑中都埋藏着对国民党反动派的无穷怒火，在九江，在韶关两次被国民党反动派解除武装，前天，你们的老团长叶剑英告诉我们，国民党反动派又想要解除你们的武装，这回我们可不交枪了，今天我们要缴他们的枪，我们要坚决站在革命工人、农民一边，站在中国共产党一边，发扬中央独立师英勇战斗精神，要报仇、要暴动，和反动派算帐，讨回血债，取得暴动的胜利，建立自己的工农民主政府”。[①]讲话极大地鼓舞了起义军的士气。11日上午6时许，广州苏维埃政府宣告成立，恽代英任秘书长。广州苏维埃政府成立以后，恽代英留在指挥部处理各种紧急事宜。第二天，起义军受到敌军反扑，张太雷不幸牺牲，起义形势危急。为了保存革命的火种，恽代英配合叶挺等起义军领导人的决定，组织起义军撤离。直到13日上午，他自己才撤退去香港。

恽代英到了香港后，马上把广州起义的整个过程上报到中共中央，并在广东省委全体会议上就起义失败做了自我批评，提出“我们应该把广州暴动的经验总结好，向全党公布，让大家明了，从中吸取血的教训，学习更多领导暴动经验，指导今后工作”。不久，中共中央恢复了恽代英广东省委委员、常委的职务，他继续留在广东工作直到1928年8月，其间他一直任省委常委。同年秋他被组织安排调往上海中共中央工作。

1930年5月6日，恽代英被国民党反动派逮捕。1931年4月29日壮烈牺牲于南京监狱，年仅36岁。

恽代英积极传播新思潮，为党的早期思想理论建设和青年运动事业做出了卓越贡献。他投身革命，持之以恒地探索救国救民的真理，坚定不移地为实现共产主义理想而奋斗，展现了崇高的爱国主义精神和坚定的共产主义信

---

① 梁峰旗：《1927—1930年恽代英政治思想转变研究》，硕士学位论文，广西师范大学，2016年6月。

念。他勇于探索、敢于创新的革命精神和脚踏实地、艰苦奋斗的工作作风是留给后人无比珍贵的精神财富。

熊雄

熊雄，曾在黄埔军校任政治大队副队长，协助周恩来在黄埔军校的工作。周恩来离校后，熊雄成为黄埔军校政治部的实际负责人。

1919年，熊雄前往法国留学，在法期间他接触到了马克思主义思想。1920年底，熊雄与同在法国的赵世炎、李立三、陈公培等人组织成立劳动学会，该学会随后扩展为留法勤工俭学会。为了更系统深入地学习马克思主义，熊雄于1922年赴德国留学，并在柏林加入了共产党。1923年熊雄与赵世炎、陈延年等到苏联东方劳动者共产主义大学中国班学习。

1925年，熊雄根据党组织的安排从莫斯科回国，任黄埔军校政治大队副队长。同年10月，熊雄任东征军总指挥部政治部秘书长。东征胜利后，熊雄担任黄埔军校政治部副主任，兼任中共广东区委委员。周恩来离开黄埔军校之后，熊雄负责主持政治部的工作。他坚持“军事与政治打成一片”的原则，在制订教学计划时注重遵照三民主义和马克思列宁主义等理论知识。同时，他本人还在军校开设了军队中政治工作和本党宣言训令两门课程。在熊雄的努力下，黄埔军校的各项工作制度都得到大幅改善，他还创办了《黄埔日刊》作为宣传黄埔军校的一大阵地。熊雄认为，应当通过多种多样的方式向学生灌输革命思想，因此他在军校定期举行政治讨论会、政治测验和讲演竞赛等活动，还在学生中组织宣传队，鼓励学生参加军民联欢会和民众运动。为了传播革命思想，宣传黄埔军校，熊雄主持编印了大量校报、期刊等宣传品发往全国各省和海外。

当时黄埔军校内革命派与反动派的斗争十分激烈。1926年3月，蒋介石炮制了中山舰事件。面对严峻形势，熊雄坚决按照党的指示，发动群众进行斗争。同时，他建议中共广东区委成立党在军校的领导核心——中共黄埔军校党团。该党团的主要成员有恽代英、熊雄、聂荣臻、陈赓等。党团的主要任务是团结左派，争取中间力量，反对极端的反动势力，积极宣传孙中山的三大政策和国民革命运动。在中共党团的领导下，党在黄埔军校的工作取得了新的进展。同年11月，军校国民党特别党部进行改选，熊雄等人继续当选为执行委员，使共产党员及国民党左派力量在特别党部中仍然占优势，打击了国民党右派的阴谋。1926年熊雄在《黄埔日刊》上发表了《对于校长“临别赠言”的说明》，文中他提出要坚持孙中山“主张容纳各派革命分子”的原则，“共产党既是代表工农的政党，自有其独立性”，“对于破坏党的组织的人就应认作我们的敌人，即拿起对付军阀与帝国主义的精神，与之奋斗”。

北伐战争胜利后，熊雄继续留在广东，担任中共广东区委军事部长和黄埔军校政治部主任。为纪念列宁逝世两周年，他发表了《列宁与黄埔学生》一文，文中认为“孙文主义和政策与列宁主义和政策是相得益彰关系”“黄埔学生应是最勇敢的孙总理的化身”“应是最勇敢的列宁精神之模仿者”，通过这种方式引导军校学生坚持维护国共合作的原则。

1927年4月4日，熊雄在黄埔军校国民党特别党部党员大会上发表讲话，表示坚决拥护武汉国民党中央的“四大方案”，反对广东国民党当局破坏国共合作的党部议案。他还积极领导广州的工农革命群众举行示威游行，保卫革命果实。4月15日广东国民党反动当局开始了反革命大屠杀。时任黄埔军校教育长的方鼎英找熊雄谈话，企图拉拢他，却被熊雄当面斥责蒋介石背叛革命，还表示“要将一腔热血洒在黄埔岛上”。方鼎英转而要求熊雄出国学习，并承诺将派船送他去香港。第二天熊雄对前来送行的军校师生做了简短讲话，勉励大家遵守孙中山的遗嘱，将国民革命进行到底，然后登上了汽艇。然而汽艇开到江中心时，机件突然失灵。就在汽艇停下检修之际，监视黄埔的中山舰趁机派人登艇，逮捕了熊雄。熊雄先是被关押在当时的广州市公安局，后转囚至南石头惩戒场。同年5月，熊雄被国民党反动当局秘密杀害，年仅36岁。

熊雄政治理论基础深厚，深得军校同僚的赞赏敬佩和学员的爱戴，在军校期间被称为理论家“熊婆婆”。他至死不渝地追求真理，追求进步，一心为民，以天下为己任，以马克思主义为指明灯。面对国民党右派的威逼利诱，他始终坚定共产党人的初心，展现了共产党人百折不挠、革命到底的精神。

陈赓

陈赓是著名的无产阶级革命家、军事家，中国人民解放军大将，也是新中国国防科技、教育事业的奠基者之一。

1922年，陈赓进入毛泽东倡导开办的自修大学进行学习。在校期间，陈赓接触到了毛泽东领导的革命团体，并积极参加各种革命活动。1922年12月，陈赓正式加入中国共产党。

1923年12月，陈赓考入广州陆军讲武学校。1924年5月，考入黄埔军校第一期。在黄埔军校期间，陈赓深受周恩来等人器重，是青年军人联合会的负责人之一，他不仅积极参与军校举办的各种活动，更参加了军校中共党支部

陈赓

的工作。陈赓曾担任孙中山的侍卫，并于1924年10月参加了平定商团叛乱的战斗。11月，陈赓从黄埔军校毕业后，留任第二、三、四期入伍生连连长、副队长。1925年6月初，滇军和桂军司令杨希闵、刘震寰发动叛乱，陈赓参与了平定叛乱的战斗。他用了三天把广州敌情侦察清楚，绘出详细的军情地图。6月12日，东征军发动进攻后，陈赓率领他的连队渡过珠江，一路进攻至北较场。23日，英法帝国主义制造了沙基惨案，陈赓再次率领黄埔军校学员与帝国主义英勇战斗。在军校时期陈赓已经很有名气，他和蒋先云、贺衷寒三人被称为“黄埔三杰”。1926年7月，陈赓受中共中央派遣，离开广州赴苏联学习。

1949年9月，陈赓按照赣州会议制定的广东战役作战计划和战字第一号命令，挥师南下，发起广东战役。10月13日，陈赓获悉余汉谋部可能放弃广州，逃往广西、海南岛，马上命令第四兵团各军加速进攻。随后，十五兵团一部进攻花县、从化、增城等广州外围郊区，并向广州突进。广州守敌于13日弃城逃跑，十五兵团一部于14日19时由北郊突入市区，解放广州。广州解放后，陈赓根据毛泽东的指示和敌军主力逃跑情况，带领四兵团各部继续追击敌人。10月26日陈赓带领部队发起总攻，将逃亡的敌军全部歼灭。至此，历时一月的广东战役取得了最终胜利。12月13日晚，在歼灭白崇禧集团以后，陈赓从前线回到广州，出席了中共中央南方局干部会议，庆祝粤桂边围歼战的重大胜利。①

陈赓的一生是为共产主义事业战斗的一生，他展现了共产党人优良的革命品质，坚强的党性，和英勇顽强、敢于进取的革命精神。面对严峻的斗争形势，他毫不犹豫地公开了自己的共产党员身份，表现出坚决跟着党走的决心和信念。在日常工作中，在重大关键问题上，他坚决贯彻执行党中央的正确路线、方针和政策，用实际行动诠释了共产党人党性高于一切的政治坚守。

① 广州图书馆：《陈赓》，广州市革命回忆录专题文库网站，2008年1月4日。

广州起义主要领导人

1927年12月11日，在张太雷、叶挺、叶剑英、恽代英、周文雍、聂荣臻等人的领导下，发动了反抗国民党反动统治的广州起义。广州起义是中国共产党对国民党反动派的又一次英勇反击，是中共为了探索中国革命的道路，在城市建立革命政权的大胆尝试。虽然广州起义最后以失败告终，但参加起义的共产党人所表现出来的战斗到最后一刻的革命精神对革命群众是极大的鼓舞。许多参加广州起义的共产党人壮烈牺牲，为革命献出了宝贵生命。

张太雷

张太雷是杰出的无产阶级革命家，中国共产党早期的重要领导人之一和中国共产主义青年团的创始人之一，也是广州起义的主要领导人。

张太雷出身贫寒，年幼时便目睹了诸多社会不公，故而从小立志革命。1916年他进入天津北洋大学法科学习，深受十月革命精神的感染，立志要走

张太雷

十月革命的道路。此后，他积极投身五四运动，与周恩来等人结下了深厚友情。1920年10月，他加入了李大钊成立的北京共产党小组，并在天津、唐山等地开展工人运动。

1922年4月，张太雷陪同共产国际代表达林到广州与孙中山会晤，同年5月他在广州筹备并主持召开了团一大。1923年，张太雷又参与筹备并出席了中共三大。为了加强国共两党的合作，1925年他被派到广州国民党中央宣传部，担任顾问鲍罗庭的助手和翻译，兼任中共广东区委常委、宣传部部长。1926年2月，中共广东区委机关刊物《人民周刊》创刊，张太雷作为主编发表了大量关于反对帝国主义、拥护革命统一战线的文章。对于蒋介石制造的中山舰事件，他提出“把工农武装起来，组织一万工农群众，以革命武装反对右派的反革命进攻”，并发表了《反动派在广东之活动》《到底要不要国民党？》等相关文章予以回应。他在文中指出，中山舰事件和整理党务案“很显而易见的就是那班已开除与未开除的反动派所造成的，他们趁全国现时反动势力高涨的时候，想把革命基础断送”，尖锐地揭露和批判了蒋介石的阴谋。

1927年11月，张太雷在广州召开省委常委会议，决定组织广州起义，并成立了起义总指挥部，担任总指挥。随后，广东省委发表了号召暴动宣言。张太雷无惧白色恐怖，经常深入基层，传达党的决定，鼓动人民群众，组织武装力量，为广州起义做准备。12月4日，张太雷在黄花岗召集秘密会议，会上他分析报告了当前国内形势及目前广州敌我情况等问题，同时要求大家分工联系周围群众，调查和监视团内反动分子的活动，做好革命官兵的思想工作。在准备起义的过程中，他亲力亲为，不仅主持了教导团的分组训练，更主持召开了省委常委和革命军事委员会等一系列会议，并确定了起义的具体日期。但是，在筹备广州起义的关键时刻，教导团内部的反动分子向敌人告密，汪精卫在上海接到了关于广州起义的密报，连夜命令张发奎迅速解除教导团的武装，镇压工人赤卫队，对各个工会进行搜查，广州形势危急。

为了确保起义顺利举行，张太雷立即召开了革命军事委员会紧急会议，决定把起义日期提前到12月11日。他紧急召开骨干会议任命各级指挥人员，并同时敲定了起义标志、各连队的目标和应对反动分子等措施。会后，张太雷、叶挺和恽代英来到北郊四标营主持教导团誓师起义。

1927年12月11日凌晨，广州起义第一枪打响，紧接着广州苏维埃政府宣告成立，张太雷当选为广州苏维埃政府代主席，兼任人民海陆军委员。12日中午，张太雷在广东工农兵拥护苏维埃政府大会上发表了充满激情的演讲。大会结束后，他坐车准备赶回起义总指挥部。他得知敌人从观音山向起义总指挥部进攻后，立刻前往大北门指挥战斗，在大北直街附近，遭敌人伏击，重伤不治，壮烈牺牲。张太雷为中国革命献出了他29岁的年轻生命。

张太雷是中共历史上第一个在战场一线牺牲的中央委员和政治局委员。他信念坚定、忠诚于党，胸怀一心为民、心系群众的人民情怀，以为人民谋永远的幸福为己任。他勇于担当，立志追求国家独立、人民解放，把马克思主义和共产主义作为崇高理想信念，将自己短暂的一生奉献给为人民谋幸福的事业。

★ 叶剑英

叶剑英是中国人民解放军的缔造者之一，长期担任党、国家和军队重要领导职务，是党和军队的卓越领导人。

叶剑英少年时深受辛亥革命影响，1917年从云南讲武堂毕业后追随孙中山投身民主革命。1924年1月，时任建国粤军第二师参谋长的叶剑英，在廖仲恺的邀请下，参与筹办黄埔军校的工作。在校舍快修好、招生工作基本完成时，军校主要负责人蒋介石突然以经费拮据为由辞职，并要求停办军校，解散筹备处。叶剑英等人对停办持有异议，决定请示廖仲恺。廖仲恺回到广州以后，立即到筹备处安定人心，主持办校工作。同年5月，在廖仲恺、叶剑英等人的努力下黄埔军校正式开办，叶剑英被委任为教授部副主任，主要负责军事理论的学科教育。叶剑英讲课通俗易懂，善于把深奥的道理讲得简单明白，深受学员们的好评。在黄埔军校工作期间，叶剑英经常黎明就起床，监督教官和学生的学习生活情况。从军容风纪、整理内务、擦拭武器到出操、晚休等起居作息的各个环节，他都认真检查，要求学生做到的，自己首先做到。同年7月，粤北地区的林虎率部威胁广州，叶剑英离开黄埔军校调回二师，协助师长张民达指挥作战。叶剑英虽然在黄埔军校执教的时间不长，但他积极参与了共产党在军校组织开展的各种活动，政治思想方面有了较大转变。他曾提出希望加入中国共产党，虽然当时没有回音，但他并没有放弃。

1927年4月12日，蒋介石发动反革命政变，革命形势急转直下。在这个生死存亡的关键时刻，叶剑英不顾个人安危，毅然选择了反蒋的道路。在全国笼罩着白色恐怖的时刻，叶剑英再次提出了入党要求。1927年7月上旬，党组织正式批准了他的请求，叶剑英秘密加入了中国共产党。[①]同年8月，叶剑英率领第四军军官教导团南下，这支教导团后来成为广州起义的主力。9月底，叶剑英抵达广州，开始秘密筹备广州起义。为了免受猜疑，叶剑英辞去了教导团团长的职务，但仍暗中和教导团的革命官兵保持联系，同时不断吸收新党员，在官兵中传播革命思想。此外，叶剑英还招收300多名参加过省港大罢工的工人进入第四军警卫团，并抽调一批共产党员和进步学员担任各级领导职务。粤桂之战爆发时，叶剑英缴获了大批武器弹药，进一步武装了自己。同时他又鼓动张发奎将部队开赴肇庆、梧州一带，迎击桂系军队，给广州起义创造了良好时机。1927年12月11日，广州起义爆发，叶剑英担任起义的副总指挥，协助张太雷、叶挺指挥战斗。不久，敌军陆续回援反扑。起义面临的形势极为紧迫，总指挥部召开紧急会议，商讨下一步行动方案。叶剑英和叶挺等人建议将队伍拉出去，转向农村，但遭到共产国际代表的强烈反对。叶剑英只好坚守岗位，继续指挥战斗。但在敌人反扑下，起义最终还是失败

① 魏雅丽：《从黄埔军校走出来的共和国元帅》，《红广角》2011年第2期。

了。起义失败后，叶剑英随其他起义部队转移到香港。[1]

1928年，叶剑英根据组织安排前往苏联进入莫斯科东方劳动者共产主义者大学学习。1930年回国后，于次年进入中央革命根据地，先后担任中央革命军事委员会委员兼总参谋部部长、中国工农红军学校校长等职，并参与指挥第二、第三、第四次反"围剿"战役。1934年，叶剑英参加长征，遵义会议后，他调任三军团参谋长，后来又任红军前敌总指挥部参谋长。西安事变发生后，叶剑英协助周恩来和蒋介石谈判。抗日战争爆发后，他担任中共中央军事委员会参谋长，协助毛泽东、朱德指挥对日作战。抗日战争胜利后，叶剑英作为中共代表团的一员前往重庆和国民党政府代表进行停战谈判。1946年，他担任北平军调处执行部中共代表，并领导创办了《解放》报，与意图破坏阻挠《解放》报出版发行的国民党当局做了坚决的斗争。1949年1月，叶剑英出任北平联合办事处主任，为接管北平做了大量的工作。

1949年9月，叶剑英在江西赣州主持召开作战会议，分析敌情，制定广东战役作战方案及人事安排。9月23日、24日，叶剑英在华南分局会议上讲话，重点阐述党的城市政策和如何接管广州的问题。根据当时广州的实际情况，会议最终提出了《接管广州市对军管会组织及其工作的意见》，规定了广州市军管会组织机构的设置。经过反复讨论，会议决定叶剑英担任广东省政府主席，兼任广州市军管会主任和广州市市长。9月28日，叶剑英和陈赓联名签发了《广州外围作战命令》，下达了迅速解放全广东的任务。10月2日开始，各路部队按照部署，向余汉谋部发起大进攻，广东战役正式打响。10月14日下午，解放军部队攻占广州，宣告广州胜利解放。广州解放后，叶剑英被正式任命为广东省人民政府主席。21日，叶剑英等人进入刚刚解放的广州市，接管了广州的城市和建政工作。叶剑英进入广州后，马上成立了广州市军管会，接管国民党广州市政府、市警察局等部门。10月28日，广州市人

① 哈战涌：《建军的那些人与事——星火燎原》，当代中国出版社，2012年版。

民政府正式成立，叶剑英兼任市长。11月6日，广东省人民政府在广州正式宣布成立。11日，广州军民举行了庆祝解放大游行和人民解放军入城式，叶剑英与方方、邓华等军政首长检阅了群众游行队伍和参加入城式的部队。1950年10月5日至16日，广东首届各界人民代表会议在广州隆重召开。叶剑英在会上做了关于目前形势与任务的报告和对大会的总结报告。这次会议团结和动员了全省各革命阶级、阶层人民的力量，投入土地改革工作，为建设新广东而奋斗，它标志着广东省人民民主统一战线的巩固，是广东省政权建设的里程碑。①

叶剑英为中国革命、建设、改革事业殚精竭虑、不懈奋斗，对党和国家做出了重大贡献。在重大和紧要的历史关头，他总是挺身而出、力挽狂澜。他曾写下“矢志共产宏图业，为花欣作落泥红”的诗句，足见其对社会主义、共产主义事业矢志不渝的坚强党性。叶剑英数次主动要求入党，体现出他始终随历史潮流前进，追求真理的革命精神。他为中国共产主义事业奋斗的献身精神，在复杂的革命斗争转折关头表现出来的革命胆略，影响了一代又一代共产党人。

★ 叶挺

叶挺是著名的军事家和政治家，也是中国人民解放军创始人之一、新四军重要领导者之一。

少年时期的叶挺曾因为剪辫子、支持黄花岗起义而被捕入狱。这次事件让叶挺意识到从军才是救国之道，因此他在1912年考入广东陆军小学，随后又进入湖北陆军预备学校和保定军校学习。在军校读书期间，他得以阅读《新青年》等宣传进步思想的杂志，初步接触到新思想。从保定军校毕业后，叶挺返回广东，1919年他加入了孙中山组建的援闽粤军，并参加讨伐

① 陈冠任：《31个省、自治区和直辖市组建实录》，中共党史出版社，2009年版。

了盘踞广东的桂系军阀。1922年6月，陈炯明围攻总统府。在陈炯明炮轰总统府时，叶挺率部苦战，保护孙中山和宋庆龄脱险，并由此受到孙中山重用。第一次国共合作确立后，叶挺接触到马克思主义等理论，在思想上开始积极向党靠拢。1924年，孙中山为了培养军事人才，决定送叶挺等人前往苏联学习。叶挺先后到莫斯科东方劳动者共产主义大学和红军学校中国班学习。在苏联学习期间，叶挺先后加入了中国社会主义青年团和中国共产党。

1925年11月，叶挺参与创建第四军独立团并任团长。第四军独立团直属中共广东区委，由党直接掌握。叶挺要求独立团严格执行“三不”原则，即不拉夫、不扰民和不筹款；同时要求独立团的军官做到无“三金”，即金戒指、金牙及金丝眼镜。通过严格的训练，叶挺领导的第四军独立团部队成为北伐先遣队之一。独立团英勇善战，在北伐中屡立战功，第四军被冠以“铁军”的称号。叶挺本人也因为战功显赫被破格提升为少将团长。

1927年，叶挺带领第四军参加南昌起义，为起义立下汗马功劳。南昌起义后，起义部队整编为三个军，叶挺任第十一军军长兼二十四师师长。8月，起义部队南下广东，进入潮汕地区后，最终因为敌众我寡而宣告起义失败。随后叶挺与聂荣臻等人为保护当时重病的周恩来，从广东转移到香港。12月10日，叶挺根据组织的安排从香港前往广州参与领导广州起义，并担任起义军的军事总指挥。11日凌晨，他与张太雷、周文雍来到四标营召开教导团起义士兵大会，随后广州起义爆发。叶挺在协助张太雷指挥部队的同时，亲自率领教导团的部分士兵袭击了黄琪翔部炮兵团。经过激烈的战斗，广州起义取得暂时胜利，并成立了广州苏维埃政府，叶挺担任工农红军总司令。但是广州起义很快受到敌人的猛烈反扑，在革命力量生死存亡的重要关头，叶挺果断决定撤退，为广州革命队伍保存了部分武装力量。叶挺一直坚持到起义部队撤出广州后才乘船前往香港。尽管叶挺在广州起义中做出撤退的决定是正确主张，但是当时党内斥责叶挺的决定为政治动摇的表现，叶挺因此受到不公正的处分。为此叶挺失去了党的关系，并在苏联、德国、法国等地度过了将近10年的流亡生活，最后到了澳门。在此期间，叶挺依旧关心祖国命运，抗日战争爆发后，叶挺返回祖国。

国共第二次合作确立后，叶挺被任命为国民革命军陆军新编第四军军长。1941年皖南事变爆发，叶挺在前往与国民党当局谈判的过程中被非法扣押。叶挺被扣押后，先后被囚于上饶、恩施、桂林、重庆等地。经过中共中央与国民党的多次交涉，蒋介石迫于压力在1946年3月4日释放叶挺。出狱后，他为了参加整军复员会议于1946年4月乘飞机前往延安，4月8日，叶挺一行乘坐的飞机突发故障，在山西省兴县黑茶山遇难。

叶挺是广州起义的工农红军总司令，后来在抗日战争中又担任新四军军长，是一代名将，立下了赫赫军功。皖南事变中，叶挺遭到国民党反动派的非法扣押，被囚五年多。面对国民党的威逼利诱，他意志坚定，曾写信表示“个人之操守至死不可变”，并作《囚歌》以明志，要“在烈火和热血中得到永生”，展现出共产党人的铮铮铁骨。

★ 聂荣臻

聂荣臻是中华人民共和国元帅，杰出的无产阶级革命家、政治家和军事家，中国人民解放军的创始人和主要领导人之一，党和国家的卓越领导人之一。

1919年，聂荣臻前往法国留学。在法国留学期间，他与蔡和森、陈毅等人结识，逐步接触到进步思想。1923年初，通过赵世炎和刘伯坚的介绍，加入中国共产党。

1925年2月，共产国际决定将聂荣臻等进步分子送到苏联红军学校中国班学习。同年8月，党组织安排聂荣臻等人回国参与国内的革命斗争。聂荣臻于9月抵达上海后，不久便被组织安排到广州参与革命工作。他到达广州后很快就任黄埔军校政治部秘书兼政治教官，主要工作是协助当时的政治部主任和副主任鲁易。聂荣臻同时还直接负责政治部组织科和宣传科的工作，并且兼任军校主要刊物《军事政治月刊》社的政治编辑主任。聂荣臻曾一度和鲁易一起负责黄埔军校中共党团领导小组的工作。聂荣臻在黄埔军校工作的时间并不太长，1926年蒋介石发动中山舰事件后，他一度被软禁，后被免去黄埔军校各职。从黄埔军校免职后聂荣臻便留在中共广东区委军委工作。北伐战争开始后，中共广东区委军委派聂荣臻为军委特派员，到前方做北伐军联络工作。1927年，聂荣臻参与指挥了南昌起义，并与起义部队一同南下，后来和叶挺、周恩来一同前往香港。同年11月，聂荣臻从香港回到广州，继续留在广东省委军委工作。12月11日，聂荣臻参与领导了广州起义。当时他率领起义军在观音山与敌人激战，并曾数次击退敌军。但最终由于敌众我寡，起义军陷入苦斗，聂荣臻判断形势不妙，如果不立刻撤退，起义军可能面临被全歼的危险。聂荣臻先是派人通知工人赤卫队撤离广州，而他自己则马上通知叶剑英指挥的军官教导团一同撤离，以减少起义军的损失。在聂荣臻的果断决定下，教导团在当天黄昏前就迅速撤离了广州。聂荣臻为了掩护部队撤退，一直坚守与敌人战斗，自己没有及时撤离出去。广州起义失败后他在住所里躲藏了三天，直到判断广州城内的敌军已经放松警戒后，他才乘船前往香港。聂荣臻抵达香港后，继续就任中共广东省委常委和军委书记，并在香港进行了两年艰苦的地下斗争。

聂荣臻后来在抗日战争和解放战争中发挥了重要作用。中华人民共和国成立后，聂荣臻被任命为中国人民解放军副总参谋长。1977年8月，聂荣臻当选为中央政治局委员和中央军委副主席。1992年5月在北京逝世，享年93岁。

聂荣臻为人坦荡率直，机警果断，从不人云亦云。他在广州起义失败后及时提出撤离部队，对保留革命力量起了重要作用。他的一生都为“为中国人民谋幸福，为中华民族谋复兴”而奋斗，殚精竭虑、鞠躬尽瘁，功勋卓著。他一生信仰坚定、对党忠诚，勇于担当、开拓创新，是不忘初心、牢记使命的共产党人楷模。

★ 周文雍

周文雍，曾任广州工人代表大会特别委员会主席，中共广州市委组织部部长、工委书记，中共广东省委工人部部长等职。

1922年，周文雍考入广东省立第一甲种工业学校机械科。在学校就读期间，他积极参加各种活动，并且加入了广东社会主义青年团和广东新学生社，也是从这时候开始他走上了革命的道路。

1924年5月，周文雍当选社会主义青年团广州地委执行委员，主要负责学生部的工作。同年7月，他参与领导了广州沙面洋务工人大罢工，抗议当时英法颁布的限制中国人自由出入沙面租界的政策。这场罢工持续一个多月，最后取得了胜利。这一年周文雍因为在刊物上发表文章，揭露广州的市长选举活动背后是反动派政客和反动当局在操纵的，激怒了顽固派的校长肖冠英，被开除学籍。离开学校后，周文雍根据党组织的安排在广东从事青年运动和工人运动。同年11月，周文雍当选为青年团广东区委委员兼团广州地委委员，任学生部助理。1925年初周文雍正式加入了中国共产党，不久便在党组织的安排下负责主持广州沙面的青年工作，随后就任团广州地委农工部主任。当时，广州手车夫工人存在住宿困难，周文雍发动集资为工人们修建了可容纳100多人入住的住房，因此获得了工人们的信赖和支持。手车夫工会后来成为广州革命工人队伍中的重要力量。上海五卅惨案发生之后，周文雍在党组织安排下前往香港组织学生活动以支持上海工人罢工。回到广州后，周文雍又组织领导沙面洋务工人参加省港大罢工。10月，他就任团广东区委经济斗争委员会书记，兼任中共广东区委工委委员。1926年9月，周文雍任石井兵工厂党支部书记，先后负责领导广州石井兵工厂工会和香港金属业总工会的工作。

1926年，周文雍就任共青团广州地委书记。北伐期间，周文雍组织青年工人成立担架队、运输队，并组织学生成立宣传队、卫生队，为北伐部队提供了重要的支持。1927年，周文雍就任中共广州市委工委书记，同年4月，就任广州工人代表大会主席，并召开广州工代会所属工会领导人会议，贯彻广东区委紧急会议精神。当时的广州笼罩在白色恐怖下，共产党和工会的工作由公开转入秘密。周文雍遵照党组织的指示，领导建立了广州工人地下武装，并根据组织的命令与时任中共广东区委妇委委员的陈铁军假扮成夫妻，建立秘密机关，在广州继续坚持地下斗争。

1927年10月，周文雍召开广州工人代表大会，决定举行工人总罢工。但当时的国民党军阀张发奎得知工人罢工的消息后，立刻逮捕了大量工会委员，并强行解散省港罢工工人纠察队。为了应对这一严峻形势，周文雍等人决定更改罢工策略，改为将工人分散成一百个小组，在凌晨两点，从一百个不同地点涌上街头，再不断汇合，高呼口号，游行示威。这次罢工的成功，对广州工人产生了很大影响。

1927年11月，周文雍组织广州铁路、火柴业等的三四千名工人游行示威，揭露汪精卫假民主的面目。在游行的过程中，工人队伍受到公安局镇压，周文雍不幸受伤被捕，不久后在党组织的积极营救下脱险。出狱后，他立刻投身广州起义的准备工作。11月26日，周文雍与张太雷、黄平共同组成广州起义总指挥部革命军事委员会，周文雍兼任广州工人赤卫队总指挥。他把广州工人地下武装统一改编成工人赤卫队，下设七个联队，大力发展队员，人数达到3000多人，成为广州起义所依靠的主要力量之一。12月11日，广州起义爆发，周文雍指挥工人赤卫队配合教导团攻占了市公安局并多次击退敌人的进攻。广州苏维埃政府成立后，周文雍就任人民劳动委员。当日晚上，由于敌人的猛烈反扑，起义军主力撤离广州，周文雍则留在广州掩护起义军撤退，直到最后才和陈铁军转移到香港。

1928年1月，周文雍在组织的安排下回到广州，他与陈铁军继续以夫妻名义在广州建立市委的秘密机关，领导广州的革命斗争。1月27日，由于叛徒告密，周文雍和陈铁军被反动派逮捕。在就义前，周文雍要求与陈铁军合影留念，这也是他们给后人留下的唯一一张合照。2月6日，周文雍被敌人在红花岗枪杀，年仅23岁。[①]

周文雍被捕后，面对敌人的威逼利诱，始终不动摇，留下了“头可断，肢可折，革命精神不可灭。志士头颅为党落，好汉身躯为群裂”的壮烈诗句，展现出一名共产党人宁死不屈、为革命抛头颅洒热血在所不惜的崇高革命精神。

---

① 广东省地方史志编纂委员会：《广东省志　人物志》，广东人民出版社，2002年版。

第三章

广州红色革命事件记忆

广州是大革命的中心，许多重要的革命历史事件和革命活动在这里发生并影响全国。陈独秀曾就谭平山等人在1920年10月出版《广东群报》宣传新文化，写信热情鼓励：“广州是我国重要的省城，在历史上是革命策源地，曾多次起过先驱作用，做出过重要贡献，而今更应顺应历史潮流，发挥更大作用。”①广州正如其言，在缔造新中国的英勇斗争史诗中书写了浓墨重彩的一页。大批革命先锋骨干从广州走出，为党和人民的革命事业做出了杰出的贡献，生动诠释了广州红色文化的敢为人先、与时俱进，实事求是、勇于担当，百折不挠、艰苦奋斗的革命精神。

开天辟地：中共早期革命在广州的第一次

广州具有深厚的革命历史传统，其红色基因渗透在繁华都市的血脉深处。中国共产党从萌芽、组建到茁壮成长的伟大征程，在广州留下了一连串深刻而鲜明的足迹。在中国共产党成立前后，早期共产主义者在广州开展了有声有色的初期革命活动。如表1所示，广州诞生了中国革命史上的许多“第一”。

① 谭天度：《回首往事话当年：回忆〈广东群报〉的创办和广东党组织的诞生》，《广州党史资料》1981年第1期。

表1　在广州诞生的中国革命史上的“第一”

时间	事件
1921年3月	广州共产党小组成立——第一批中国共产党早期组织
1921年8月	广东区委、广州地委成立——第一批中国共产党地方组织
1922年5月	第一次全国劳动大会召开
1922年5月	中国社会主义青年团第一次全国代表大会召开
1922年初	香港海员大罢工胜利——中国共产党领导的第一次罢工高潮取得的第一次伟大胜利
1923年6月12日	中共三大——第一次党的主要领导人全部参加的重要全会
1924年1月	国民党一大——第一次建立国共合作统一战线
1924年3月	中国首次“三八”节纪念活动
1924年7月	举办农民运动讲习所——第一个培养农民运动干部的学校
1924年11月	创建铁甲军队——中共领导下的第一支武装
1924年冬	中共广东区委军事运动委员会成立——党的第一个军事工作机构
1925年初	中共广东区委监察委员会成立——中国共产党第一个地方纪律监察机构
1925年5月	广东省农民协会成立——全国第一个省级农民协会
1925年5月	中华全国总工会成立——第一个全国性的工会领导机关
1925年6月	省港大罢工——世界工运史上时间最长的一次大罢工
1927年12月11日	广州苏维埃政府——中国第一个城市苏维埃政权
1927年12月11日	广州起义——第一次打出红军旗号

广州汇集了中共早期发展史上的四个“最”：中共广东区委是中国共产党最早建立的地区区委之一，管辖区域包括广东、广西、福建南部、云南等地区，甚至深入到南洋一带，成为当时最大的地区区委；广州也设立了中国共产党最早的地方军事机构——军事运动委员会；专门建立监察委员会，这是中国共产党第一个地方纪律监察机构，开辟了中共纪检工作的先河；大革命时期全国辖区最广、党员人数最多的地方党组织。

广州在中共党史上创造了多个“红色第一”，这不是昙花一现的偶然，而是历史的必然选择。近代广州具有独特的区位优势，是中西两种不同文化的交汇点，是中国近现代民主革命的策源地，这些都孕育和铸就了广州红色辉煌。

★ 第一批共产党早期组织：广州共产党早期组织

俄国十月革命一声炮响，给中国人民送来了马克思主义，也影响着广州历史的发展进程。特别是经过五四运动在广州的深入开展，更多的革命知识分子对马克思主义的积极宣传，促进了马克思主义与广州工人运动的初步结合，为广州共产党早期组织的诞生奠定基础，做了思想上和干部上的准备。在这段时期，广州的思想界出现了一个空前活跃期，涌现了一批初具共产主义思想的革命知识分子。如杨匏安在广州积极传播马克思主义思想，从1919年11月起，先后在《中华新报》上发表了40余篇文章，系统介绍了马克思主

小红楼：20世纪20年代，广东省立宣讲员养成所在此处成立，这里也诞生了广州共产党小组和中国共产党广东第一个支部

义的基本观点。

经过五四运动锻炼的北京大学粤籍毕业生谭平山、陈公博、谭植棠也在1920年回到广州，与阮啸仙、刘尔崧、周其鉴、杨匏安、张善铭等人密切联系，并于10月20日创办《广东群报》，积极开展新文化宣传。谭平山等人应上海青年团的函约，在1920年11月成立广州社会主义青年团。社会主义青年团的成立既是广州建党活动所采取的一个重要步骤，又是广州早期党组织存在的一种具体形态。

1920年12月底，陈独秀应陈炯明之聘南下广州，任职广东省教育行政委员会委员长。陈独秀来到广州后，一方面发展广东教育事业，另一方面更重要的是在广州开拓宣传阵地，宣传新文化和马克思主义思想，并进行广州共产党组织的筹建。陈独秀认为“广东是很有革命传统的，历史上曾经出现过不少先进人物，有洪秀全、康有为、梁启超、孙中山等。广东人是敢想敢干的。广东是有希望的”。[①]1921年初，他与广州无政府主义者两次讨论合作，但意见无法统一，只好分道扬镳。于同年3月，与谭平山、陈公博、谭植棠商议建党问题，取得一致意见，于是共同创建了广州共产党小组（后来统称为“广州共产主义小组”）。党员有陈独秀、谭平山、陈公博、谭植棠等一共九人，书记先是陈独秀，后由谭平山继任。同年春夏间，吸收了刘尔崧、杨匏安等人入党。广州共产党小组成为国内最早建立的六个共产主义小组之一。

广州共产党小组成立后，在陈独秀的直接指导下，开展党的工作。首先是通过三种刊物的发行形成宣传马克思主义的重要阵地。这三种刊物分别是作为党组织机关刊物的《广东群报》和《劳动与妇女》，以及从上海迁来广州发行的《新青年》杂志。其次是成立了马克思主义研究会，成员有80多人。为了培养从事基层宣传工作的干部，为发展组织做准备，陈独秀在广州创办了广东省立宣讲员养成所和注音字母教导团，为党培养干部人才。许多

① 何锦洲、沙东迅：《广东最初共产党组织之研究》，《学术研究》1980年第4期。

马克思主义研究会成员参加学习，有了“党校”雏形。此外，还创办了机器工人夜校、俄语学校等。除了学习文化知识外，主要讲授十月革命经验和马克思主义，以提高基层宣传干部的政治理论水平。同时，广州共产党小组还开展工人运动。广州共产党小组的上述多种活动，使社会主义和马克思主义思想在广州得到了有组织的广泛传播，使马克思主义与工人运动相结合，促进了广州人民革命运动的快速发展。

1921年7月，中国共产党第一次全国代表大会在上海举行。陈公博作为广州共产党小组的代表参加了大会。会后，陈公博回到广州传达中共一大精神。同年8月，在广州共产党小组的基础上成立中共广东支部，隶属中共中央局。谭平山为书记，陈公博负责组织，谭植棠负责宣传。中共广东支部成立后，高度重视发展党员，尤其是在工人中发展党员。到1922年6月共有党员32人（其中工人占一半）。从此以后，广州的工人运动在党的直接组织领导和影响下，有了更大的发展。

广州共产党小组为中国共产党广东支部的正式建立做了思想上和组织上的准备。广东支部不少优秀的共产党员在第一次、第二次国内革命战争期间为党和人民的革命事业做出了杰出的贡献。

广州共产党早期组织的创建与发展，在中国共产党的建党史上占有重要地位。首先体现为广州拥有马克思主义传播的两大阵地：一是南迁广州的《新青年》杂志，二是被誉为“马克思主义在早期传播的地方性样本”的《广东群报》。其次，马克思主义与无政府主义的公开论战发生在广州。这既是五四运动以后马克思主义与反马克思主义思潮之间的一次论战，也是关于社会主义在中国的一次大讨论，有力地促进了马克思主义的传播。再次，当时的广州有一批传播马克思主义的杰出人物，如陈独秀、杨匏安、谭平山、林修梅等人。[①]广州共产党早期组织因陈独秀的指导与主持而形成特殊地

① 党彦虹：《广东早期共产党组织的特征》，《中国社会科学报》2020年6月23日。

位，党员发展速度快，走在全国前列。党的一大召开时，广州共产党早期组织的党员仅有四人，在各地支部中处于第六位。党的二大召开时，中共广东支部的党员人数发展到了32人，在全国位列第二，仅次于上海，发展速度则为全国第一。除此以外，广州共产党早期组织的成员以知识界人士为主体，发展党员的路径是以工人为重点，通过组织工会开展工运，培养积极分子。最后，广州共产党早期组织的创建，使南中国有了反帝反封建斗争的组织者和领导者，从此广州革命进入了一个崭新的历史发展时期。

在广州共产党早期组织的创建和革命活动中，从播撒马克思主义的思想火种，到奠基广东工人阶级的先锋组织，从反帝反封建斗争的组织者和领导者，到开创南中国革命的新局面，无不彰显了共产党人追求真理的革命精神，敢为人先的首创精神，百折不挠的奋斗精神和斗争精神。[①]他们为了寻求救国救民的真理和道路，不断探索，投身到艰苦和危险的革命事业中，宣传马克思主义真理，通过革命实践达到知行结合。他们创造性地把马克思主义与中国工人相结合，创建广州共产党小组，成为国内最早建立的六个共产主义小组之一，体现了开天辟地、敢为人先的首创精神。他们在宣传马克思主义真理的过程中，始终秉持着建立无产阶级政党的信念，不怕艰难险阻，勇于同错误言行做斗争，体现了百折不挠的奋斗精神和斗争精神。

★ 第一次全国劳动大会：工人运动翻开了波澜壮阔的新篇章

在中国共产党从事工人运动以前，国民党、无政府主义者、资产阶级及某些官僚政客，为了各自的政治目的，也利用工人阶级的力量，成立了各式各样的工会，为自己的利益服务。在这种情况下，加强对日益高涨的工人运动的领导，增强工人阶级的内部团结，为迎接中国工人运动第一次高潮而斗争，就成为中国共产党刻不容缓的任务。为了实现这个目的，第一次全国劳

① 李洪喜：《红船精神的由来和表现》，《人民政协报》2017年11月23日。

动大会于1922年5月1日在广州举行。中国劳动组合书记部当时在广东的影响不如在上海、中部地区及北方铁路工人中的影响大，会议选择在广州召开，原因主要有两点：一是在当时的中国召开这样一次会议而不被官方禁止或干涉，只有广东地区才有可能；二是自香港海员罢工胜利以后，广东政府对工人运动明显地采取同情和宽容的政策，能够使大会安全而又自由地举行。

根据中共中央的决定，由中国劳动组合书记部发起，于1922年5月在广州召开第一次全国劳动大会。同时，中国共产党还决定通过这次大会，将自己在革命实践中探索和分析得出的对反帝反封建的革命任务的认识首次向工人阶级公开提出，把革命理论与工人运动紧密结合起来。全国劳动大会召集的原则是，不分何党何派，只要是工会便邀请其参加。根据这个原则，1922年4月10日，中国劳动组合书记部发出通告，邀请全国各工会派代表到广州参加会议。通告所宣布的大会主要内容，一是纪念五一国际劳动节，二是联络全国工界感情，三是讨论改良生活问题，四是各代表提议事件。

110多个工会和34万有组织的工人推出的173位代表，第一次实现了团结和联合。中国的工人运动，由此翻开了波澜壮阔的新篇章。这次大会接受了中国共产党提出的反帝反封建的政治主张，这是中国共产党首次向工人阶级公开提出政治主张。讨论通过了《八小时工作制案》《罢工援助案》《全国总工会组织原则决议案》等十个决议案。并通过《全国劳动大会第一次会议宣言》号召全国工人联合成一个阶级战线，反对共同的敌人——帝国主义和封建军阀，在罢工斗争中互相援助以达到斗争的最终胜利。这“无疑的引导工人阶级开始走向全国团结的道路”[①]。这个宣言是中国共产党对于建立联合战线的补充。大会决定，在全国总工会成立之前，中国劳动组合书记部为全国总通讯处，“实际上便是公认它为全国唯一的领袖”[②]。从此，中国共产党获得了指挥全国工人运动的领导地位。

---

① 邓中夏：《中国职工运动简史（1919—1926）》，人民出版社，1953年版。

② 同上书。

这次大会的召开，标志着中国工人阶级开始走向团结统一的道路，在中共党史和工运史上都有重大的意义。以这次大会为起点，中国共产党引导工人阶级开始走向全国团结的道路。它是第一次把中国工人阶级空前团结起来的全国性大会，确定了中国共产党对全国工人运动的领导地位，为中国共产党领导中国工人运动和统一工会组织奠定了基础。它促进了工会组织的联合，通过了反帝反封建的政治主张，使工人阶级有了明确的革命任务，为他们指明了斗争的方向，推动了工人阶级运动的统一发展，推动了第一次全国工人运动高潮的深入发展。自此以后，工人阶级在党的领导下，团结一切可以团结的力量，为反帝反封建军阀的民主革命斗争而努力奋斗。[①]这次大会对当时中国工人运动的影响是巨大的，大会以后工人罢工斗争得到迅猛发展，有力推动第一次国内革命高潮。

★ 青年团全国一大：中国青年运动的里程碑

1922年5月5日至10日，中国社会主义青年团第一次全国代表大会在广州举行。大会的重要成果表明，她是中国青年运动的伟大里程碑，标志着中国共青团的成立。[②]

1920年8月，在上海共产主义小组领导下，上海社会主义青年团成立。此后，北京、广州、长沙、武昌等地也先后成立了相应的团组织。但全国的建团工作曾经由于种种原因一度中断。1921年7月，中共一大加强了对青年运动的领导，高度重视并专门研究将青年团作为中国共产党的预备学校的问题。党中央决定由施存统、张太雷等负责恢复整顿中国社会主义青年团的工作。在党的领导和帮助下，全国各地团组织的发展在质量和数量上都进入了新的

---

① 吴敏娜：《从一次劳大看党的工运策略》，《黑龙江史志》2012年第20期（总第285期）。

② 陈善光、曾建昭：《青年团“一大”：中国青年运动的里程碑》，《中国青年研究》1992年第3期。

阶段。从1921年11月至1922年团一大召开前夕，恢复或成立的地方团组织有17处，全国团员达5000余人。

团组织的壮大、革命斗争的发展迫切需要正式成立团中央，召开全国性的会议，制定出团的纲领和章程，以加强对青年运动的统一领导。团一大原定在上海召开，广东社会主义青年团负责人谭平山在致团中央的信中建议："大会地点，如能改在广州更好，因为比较自由。"广州政治环境自由、宽松，工会、共产党、社会主义青年团的活动都是合法、公开的。广州还有不少工人组织，举行多次罢工并取得胜利，群众基础良好。因此，综合各方面条件，中央采纳了这个建议。团一大选择在广州召开，充分体现了党对广东青年运动的肯定和重视。

1922年5月5日（马克思104周年诞辰），中国社会主义青年团第一次全国代表大会在广州东园的室外广场举行。出席大会的代表25人，代表15个地方团组织、5000多名团员。中共领导人陈独秀等和青年共产国际代表也出席了会议。

大会总共开了六天，举行了八次会议。大会的主要任务是制定和通过团的纲领和章程，建立团的中央领导机构。中共总书记陈独秀在会上做了题为《马克思主义两大精神》的讲话，青年共产国际代表达林做了题为《国际帝国主义及中国社会主义青年团》的演讲。大会讨论通过了《中国社会主义青年团纲领》《中国社会主义青年团章程》《青年工人农人生活状况改良的议决案》《关于政治宣传运动的议决案》等六个议案。团的纲领确定中国社会主义青年团是"中国无产阶级的组织"，它的最终奋斗目标是为在中国建立"一切生产工具收归公有和禁止不劳而食的初期共产主义社会"。大会接受了中共的政治纲领和口号，在中国近代革命史上第一次明确地提出"铲除武人政治和国际资本帝国主义的压迫"。团一大还一致决议中国社会主义青年团加入少共国际并成为它的一个支部。大会选出团的第一届中央执行委员会，方国昌被推选为书记。这次大会使中国社会主义青年团实现了思想上、组织上的统一，成为纲领明确的、全国性的先进青年组织。它确立了马克思主义和中国共产党对青年团的指导和领导地位，使中国青年运动拥有了核心力量。

自团一大召开后，中国共青团开始了近百年始终跟着中国共产党不懈奋斗的历程。一大批爱国青年奔走呼号、开展声势浩大的传播新思想和救国救民行动并投身革命，体现了中国青年的优秀代表在广州这片土地勇立时代潮头，勇担时代重任，为民族振兴凝聚起追求、信仰和精神力量。

铁甲车队：中共直接创建和掌握的第一支武装

1924年的国共合作迎来了革命形势的高潮，广东成了全国革命的中心，工农运动蓬勃发展。同年10月，中共广东区委委员长周恩来等人从平定商团叛乱的斗争实践中认识到，虽然区委在组建工农武装方面有很大进展，但工农武装力量是分散的、弱小的，党还没有掌握正规军队的指挥权。鉴于粤汉、广九铁路经常被军阀、土匪骚扰，中共广东区委向孙中山提出建立一支以保护大元帅府安全和铁路安全为基本任务的陆海军大元帅府铁甲车队，孙中山表示同意。周恩来亲自指导铁甲车队的组建工作，周恩来从黄埔军校中抽调了徐成章、赵自选和周士第三人负责进行具体组织工作。铁甲车队所属

铁甲车队

成员的配备与调动，都是由中共广东区委书记陈延年和区委军事部部长周恩来决定的。所有铁甲车队的重要工作与活动，也都直接向他们请示报告。

铁甲车队以徐成章为队长，廖乾吾为党代表，周士第为副队长，赵自选为军事教官，曹汝谦为政治教官。车队下辖三个排，排以上干部全部是共产党员。全队成立了一个党小组，廖乾吾为党小组长，直属中共广东区委领导，成为全队136人的核心。可见，铁甲车队虽属大元帅府管辖，实际上是完全掌握在中共手中的武装力量。

铁甲车队成立不久便投入了战斗，打了不少险仗恶仗。除了执行保卫以孙中山为首的广东革命政府的任务外，铁甲车队还参加了支援广宁农民运动、东征军阀陈炯明、平定滇桂军阀叛乱、肃清反革命武装、支援省港大罢工及改造飞机掩护队等重大活动，在革命战争和群众斗争中立下了卓著功勋。如1925年初，派出第一、二排镇压广宁的地主反动武装。同年2月1日，第三排参加了革命军东征，他们乘铁甲车沿广九铁路做开路先锋，协同友军攻克石龙、樟木头、平湖、深圳等地，控制了广九铁路，保证了东征后方交通运输安全，使东征军顺利而迅速地向东江进攻，打败陈炯明。特别是省港大罢工中，铁甲车队奉命前往毗邻香港、九龙的南头、深圳、沙头角一带执行封锁任务，与1000多敌军作战，以伤亡20余人的代价毙伤敌军200多人，打垮了敌军，并成功突围。

1925年11月，中共决定建立叶挺独立团，于是便将铁甲车队编入独立团作为骨干力量。至此，虽然铁甲车队这个名称宣告结束，但这支革命力量在叶挺的带领下一直在战斗着，成为后来南昌起义的重要力量，对中国近代历史产生了深远影响。对于独立团所取得的不朽功勋，叶挺说："主要的一个原因，就是因为独立团是共产党的军队。因为有了共产党，我们才能成为铁军。"

铁甲车队这支英雄革命军队，始终坚持中国共产党的领导，秉持着矢志不移跟党走、坚决听从党指挥的铁的信念，实现了革命群众与革命队伍的整合与统一。在革命战争和群众斗争中勇于承担最艰巨的任务，立下了卓著功勋。在多次战斗中表现出了无比坚强的革命精神和前仆后继、不怕牺牲的英雄气概，谱写了革命英雄主义的壮歌。呈现出人民军队茁壮成长的壮大史、英勇顽强的战斗史和开拓创新的发展史。[①]

★ 第一个中国共产党地方纪检监察机构：中共广东区委监察委员会

广州是中国共产党早期开展活动，并由之逐渐摸索出纪律建设重要性和必要性的地方。党的第一个地方纪律监察机构在广州诞生，是与当时的革命形势相关联的。经过一段时间的艰难考验，中共广东地方组织在1923年迎来了一段蓬勃发展的时期。党员数量大增，截至1925年6月，广东党员从中共三大时的183名增加到400多人。在风云际会的年代，随着党员人数激增及革命高潮的到来，有个别投机分子混入党的队伍中，并成为蜕变分子，特别是曾为中共一大代表的陈公博和周佛海，公然违反党的纪律，使维护党的纪律面临严峻考验。对此，中共中央和中共广东区委先后做出决定，将陈公博和周佛海开除出党。这也使党组织认为建立维护党纪的专门机构迫在眉睫。1925年1月中共四大在上海召开，大会要求各级党组织必须加强对党员的日常管理监督工作。这给地方党组织探索成立维护党的纪律专门机构创造了先决条件。

1925年春，陈延年接替周恩来任中共广东区委书记。陈延年曾旅法勤工俭学，了解过苏联的党内监督机构运作情况，对马克思主义政党的纪律检查工作并不陌生。广东区委在1925年上半年做出一个大胆的创举——设立中共首个地方监察委员会，开创了中共纪检工作的先河。广东区委监察委员会由林伟民任书记，委员有林伟民、杨殷、杨匏安、梁桂华。

区委监委会成立以后，就在党内产生了广泛影响。1925年5月，在中国共

---

① 魏延秋：《铁军精神与坚持党的领导》，《唯实》2019年第11期。

产党的领导下，第二次全国劳动大会在广州召开。大会选举产生中华全国总工会执委会，其下设机构就有监察委员会。同时，广东区监委书记林伟民被选举为中华全国总工会第一任执行委员会委员长兼总干事。

区委监委会成立后，帮助广东各地建立党的秘密组织，不断壮大党的队伍；积极收集秘密情报，确保党组织正确决策；组织工人纠察队，维持省港大罢工秩序；监督省港大罢工490万元经费的使用；等等。1925年的省港大罢工就是监委会发挥监督作用的“第一考”。在整个罢工期间，工人代表大会实施了行之有效的监督措施。首先是分别成立了三个机构：一是负责管理资金账目的审计局、财务委员会，二是防止敌人破坏和内部可能出现的腐败行为的工人纠察队，三是负责查处贪污、舞弊和失职行为的会审处。其次，通过机关报《工人之路》对所属各机构进行舆论监督，揭发贪污舞弊。最后通过了撤职、查办和惩戒舞弊的决议46项，整顿纪律的决议80项。以上措施有力地保证了罢工的顺利进行。省港大罢工历时16个月，募集到的经费一年就高达490万元。而管好工人的“养命钱”，建立公正廉洁、值得工人信赖的领导机构，直接关系到罢工的胜利。

1927年，蒋介石悍然发动四一二反革命政变后，大批共产党员惨遭屠杀，一些意志薄弱者甚至投降变节。国共合作的大革命失败后，中国革命陷入低潮，中国共产党陷入生死存亡之境。在革命受挫的情况下，如何强化信念和纪律、维护党的团结、提高战斗力至关重要，而广东区委监委的成立，为党中央成立专门的纪律监察机构提供了宝贵经验。

1927年4月27日至5月9日，中国共产党第五次全国代表大会在武汉召开，广东区委监委委员杨匏安介绍了广东成立区委监察委员会的重要经验。在王荷波、杨匏安等人提议下，大会第一次选举产生了中央监察委员会。在白色恐怖的肃杀包围下，十名中央监委委员和候补委员经受住了血与火的考验，先后有九名成员为革命英勇牺牲，无一人叛党投敌。

中共广东区委监察委员会的设立，为中国共产党在中共五大创建中央监察委员会积累了重要的经验。如同一块基石，为中国共产党的健康发展，为革命的最终胜利，做出了不可磨灭的贡献。中共广东区委以自我革命的精神捍卫党员队伍的先进性和纯洁性，使党经受住各种风浪挑战，不断从胜利走向胜利。这无不体现了广州共产党人敢为人先、大胆实践探索的精神。

崭新篇章：重大历史事件

正如毛泽东在《星星之火，可以燎原》中写道："它是站在海岸遥望海中已经看得见桅杆尖头了的一只航船，它是立于高山之巅远看东方已见光芒四射喷薄欲出的一轮朝日，它是躁动于母腹中的快要成熟了的一个婴儿。"

从广州诞生中共第一批党组织起，中国共产党在广州的发展正如星星之火可以燎原，由小到大，由弱变强，从幼稚走向成熟。广州是中国共产党在大革命时期的重要根据地，在中国革命史上发挥了极其重要的作用。在广州发生了很多重大革命历史事件，影响了中国革命的走向，也对中国共产党的发展影响至深。

召开中共三大：谱写中国共产党历史上的重彩华章

历史上多少惊涛骇浪，往往涌起于看似平静的会议桌旁。从1921年建党开始，在中国共产党百年历史中，已召开了19次党的代表大会。中国共产党第三次全国代表大会是唯一一次在广州召开的全国代表大会，实现了我党历史上的两个"第一次"：第一次在中国共产党的积极帮助和参与下，中国国民党第一次代表大会于1924年1月在广州召开；制定了革命统一战线方针，国共两党首次合作的方针政策在此诞生，国共合作的第一次握手宣告第一次国共合作正式开始。在党的三大上，毛泽东第一次进入了中国共产党的核心领导层。

中国共产党第三次全国代表大会在广州召开

中共三大为何选址广州？原因有以下五点：一是广州不但是当时南方中国革命运动的中心，也是国民党的活动中心，共产党在广州有较好的发展。二是随着广州逐渐掀起马克思主义宣传的高潮，发展迅速的广州党组织在中共中央领导下致力于发展工人运动，工人运动如火如荼，广州也成为当时全国工人运动最发达的地区之一，具备雄厚的阶级基础。三是当时中共中央所在的上海是敌人的统治地区，安全没有保障，当时中国北方还在军阀统治之下，而广州是孙中山及其领导的国民党长期进行革命活动的根据地，革命的气息一直比较浓厚，而且孙中山有跟共产党合作的意图和行动，政治环境也相对宽松，比较安全。四是广州地理位置邻近港澳，水陆交通较为方便。五是当时共产国际接受其驻华代表马林等的建议，指示中共将中央机关迁到广州。综合以上原因，最终党中央决定在广州召开三大。

40位代表千里迢迢汇聚广州。1923年的中国处于军阀割据、四分五裂的状态。6月12日至20日，为探索如何取得革命胜利，中共三大在广州召开。陈独秀、李大钊、毛泽东、蔡和森、瞿秋白、张太雷等40位来自全国各地的中青年人，代表全国420名党员走入了广州东山恤孤路后街31号一幢两层高、设有骑楼的典型旧式广州民居，出席中共三大会议。他们虽风尘仆仆，却难掩心中的激情。在这里，他们谱写了中国共产党历史上的重彩华章。

意见不同代表激辩国共合作。1923年6月12日，中共三大正式开幕。陈独秀主持会议并代表第二届中央执行委员会做报告。报告总结了党的二大以来的工作情况和经验教训，着重说明了关于中国共产党同国民党建立革命统一战线的依据和过程。其原因，一是中国共产党感受到中国工人阶级力量单薄，必须与其他力量联合；二是1922年6月陈炯明的叛变给孙中山的打击很大，孙中山开始考虑寻找新的盟友，此时，中共公开支持孙中山，一番交流后，双方都有了合作意向。

大会的主要议程有三项：一是讨论党纲草案；二是讨论同国民党建立革命统一战线问题；三是选举党的中央执行委员会。

大会的主要任务是根据革命形势的需要和共产国际的指示，加速国共合作统一战线的建立，以推动国民革命运动的发展；中心议题是讨论与国民党合作、建立革命统一战线的问题。针对共产党员要不要加入和如何加入国民党的问题，与会代表产生了分歧，大会为此展开了激烈的辩论。

陈独秀和马林等人认为，全体共产党员、产业工人都应该参加国民党，全力进行国民革命，只有这样，才能增强国民革命的力量……他们的这一观点得到了瞿秋白、张太雷等的赞同。张国焘、蔡和森等代表则反对陈独秀和马林的意见，尤其反对工人加入国民党，认为那样将混乱无产阶级的思想。由陈独秀起草的《关于国民运动及国民党问题的决议案》提出，中国共产党是与国民党合作，共产党员应加入国民党。代表们对这份决议案进行了热烈的讨论。在经过激烈的争论后，全体代表对共产党员加入国民党的意义有了统一的认识：一是改组国民党为左翼的政党；二是在共产党不能公开活动的地方，扩大国民党；三是把优秀的国民党员吸收到我们党里来。最终经过民主投票，以21票赞成，16票反对，3票弃权的结果接受了共产国际关于中国共产党同中国国民党进行合作的指示，反映了党内对这一决议的真实态度。

大会通过了《中国共产党第三次全国大会宣言》《中国共产党中央执行委员会组织法》《中国共产党第一次修正章程》《关于国民运动及国民党问题的决议案》《中国共产党党纲草案》《劳动运动决议案》《农民问题决议案》《青年运动决议案》《妇女运动决议案》等。至此，中共中央最终同意以中共党员加入国民党的方式实现国共合作，这也是当时能够为孙中山和国民党所接受的唯一合作方式。党的三大还明确规定，在共产党员加入国民党时，党必须在政治上、思想上、组织上保持自己的独立性。这样，国共两党就能够在孙中山这面颇有号召力的革命旗帜下，通过共同努力，广泛发动群众，发展革命力量，加速推进民主革命的进程。这既有利于国民党的改造，使国民党获得新生，又有利于共产党走上更广阔的政治舞台，得到锻炼和发展。

民主选举确定新的领导集体。大会还选举陈独秀、蔡和森、李大钊、谭平山、王荷波、毛泽东、朱少连、项英、罗章龙九人为中央委员，邓培、张连光、徐梅坤、李汉俊、邓中夏五人为候补中央委员。由陈独秀、蔡和森、毛泽东、罗章龙、谭平山（后由于谭调职，改为王荷波）五人组成中央局，陈独秀为委员长，毛泽东为秘书，罗章龙担任会计，负责中央日常工作。在这次会议上，毛泽东首次进入中央领导核心。

同前两届相比，第三届中央领导集体具有新的特点：一是新成员居多；二是第一次有产业工人成员；三是出身劳动家庭者居多，代表性广泛。总体来看，正如三大代表罗章龙所说：“三大选出的中央委员会显示了工人革命政党，阵营颇为严整，工作效能也高，为前两届中央所不及。”

党的三大完成各项议程后，于6月20日闭幕。最后一天，共产国际代表马林和陈独秀提议代表们唱《国际歌》，但由于会场附近居民较多，为安全起见，全体代表来到黄花岗，由瞿秋白带领大家齐唱《国际歌》。这是中共党代会史上第一次唱《国际歌》。此后，在闭幕式上唱《国际歌》的做法，为历届党代会和其他重要会议所沿用。

中共三大的意义重大。

一是毛泽东第一次进入党的领导核心层。[①]

在中共三大上，毛泽东不仅以高票当选为中央执行委员会的正式委员，而且进入了由陈独秀等五人组成的中央局，这就是后来的政治局。中共三大结束后，毛泽东又被推选为中央局秘书，这意味着他开始步入党中央最高领导层，开始参与党的核心决策工作。根据当时的规定，秘书负责本党内外文书及通信及开会记录之责任，并管理本党文件，党的一切函件须由委员长及秘书签字。这既说明了作为中央局秘书的毛泽东在党内的地位——第一次进入党的领导核心层，也体现了新生的中国共产党开始尝试通过制定党内法规的形式，制约最高领导人的权力。后来，毛泽东兼任中央组织部部长，从而使党中央真正有了负责全党自身建设，特别是党务工作的专职主持者。事实也证明，党的三大之后，全党组织工作取得了很大进步。

党的三大期间，毛泽东在会上做了湘区工作报告，受到中央的好评。他也就国共合作、国民革命和农民问题等发表了精辟见解。

二是建立革命统一战线是中共三大的一个创造。

中国共产党成立后，建立了中国劳动组合书记部，集中力量开展工人运动。党在斗争中认识到：中国革命的敌人是异常强大的，为了战胜强大的敌人，必须争取一切可能的同盟者；在半殖民地半封建的中国，没有革命的武装斗争，仅仅依靠罢工或其他合法斗争是不行的。带着这些经验教训，中国共产党人投入以国共合作为基础的大革命运动（也称“国民革命运动”）。

刚刚诞生的中国共产党有着鲜明的阶级性，其终极目标是消灭私有制。这种革命的彻底性是其他政党所无法相提并论的。目标是崇高的，但社会环境还不具备这样的条件，中国共产党还不具备单独实施民主革命的能力，摇篮时期的中国共产党需要联合其他力量。

确定建立国共合作革命统一战线的策略，是中共三大的一个创造。它促

① 李颖：《党代会历史细节：从一大到十八大》，党建读物出版社，2017年版。

进了第一次国共合作的实现，使共产党活动的政治舞台迅速扩大，加速了中国革命的步伐，为波澜壮阔的大革命提供了坚实的基础。中华儿女怀着改变民族未来的希望，被广泛地发动起来。革命的浪潮由此开始声势逐渐浩大，继而席卷全国。党的三大之后，在中国共产党的推动下，孙中山先生对国民党进行了改组，确定了联俄、联共、扶助农工的三大政策，召开了国民党第一次全国代表大会，第一次国共合作正式建立。此后，全国掀起了声势浩大、轰轰烈烈的反帝反封建的革命群众运动，为统一广东、出师北伐、推动国民革命由广东向全国扩展奠定了基础，也使共产党组织迅速发展，为大规模培训革命运动骨干创造了有利条件。中共三大确立的革命统一战线方针经过后来新民主主义革命斗争的反复实践与发展，成为中国共产党战胜强敌、夺取革命胜利的三大法宝之一。中共三大也因此成为中共党史上最具影响力的党代会之一。

中国革命统一战线的建立，从最初酝酿就与广州有密切联系，中共关于这个问题的最终决策是在广州做出的。国共两党合作、革命统一战线的正式建立，也是在广州实现的。因此，可以说，广州是中国革命统一战线发源地，中共三大是中国革命史上的一座丰碑。

三是体现中国共产党艰苦奋斗、实事求是、解放思想、与时俱进的精神品质。

这次大会很好体现出了新生的中国共产党的优良精神品质：艰苦奋斗、实事求是、解放思想、与时俱进。虽然建党初期经费有限、条件艰苦，但中共三大代表们努力克服各种不利条件，以饱满的热情投入革命工作中，保证了会议的成功举行。这次大会是非常关键的大会，与会代表们在分析时局和总结经验时开展批评与自我批评、求真务实，充分体现了中国共产党人实事求是的优良工作作风。这次大会在全面正确考察和分析国内外形势的基础上，顺应时局的发展变化，创造性地提出和制定了建立统一战线的方针政策，并首次将农民问题写进党纲。这些都表明党的指导思想和基本理论是紧密联系实际、顺应实践的发展需要、创造性地运用马克思列宁主义的普遍真理，充分体现了中国共产党解放思想、与时俱进的精神品格。[①]

这里曾燃起革命火种：举办农民运动讲习所

国共合作时期，由于各地农民运动蓬勃发展，培养大量的农民运动干部成为当务之急，当时任国民党中央农民部秘书的彭湃以农民部的名义向国民党中央提出创办农民运动讲习所的建议。国民党中央执行委员会同意了这一建议，并委派彭湃筹备广州农民运动讲习所，由彭湃任主任。广州农民运动讲习所从第一届到第六届总共有697名学员毕业。很多人成为农民运动和第一次国内革命战争的领导骨干，对中国革命做出了重大贡献。

第一届农讲所于1924年7月3日开学，彭湃亲自给学员讲课，介绍开展农民运动的经验。孙中山十分关心和支持农讲所的工作，第一届农讲所学员举行毕业典礼时，他亲自到会致训词。他号召全体学生把学到的知识贯彻到实际行动中去，切实执行国民党一大确定的扶助农工的政策，大力开展农民运动。

毛泽东在国民党二大后参加了新成立的国民党中央农民运动委员会，1926年3月19日被任命为农民运动讲习所所长。经过筹备，第六届农民运动讲习所于5月3日正式开学。毛泽东在辞去国民党中央宣传部代理部长后，便全力投入农讲所的工作。毛泽东认为农民问题乃国民革命的中心问题，农民不起来参加并拥护国民革命，国民革命不会成功；农民运动不加速做起来，农民问题不会解决；农民问题不在现在的革命运动中得到相应的解决，农民不会拥护这个革命。

农讲所第一届到第五届的学员主要来自广东各地。到了第六届，学员范围大大扩展了，扩展到全国20个省区，是农讲所开办以来人数最多、分布最广、时间最长、课程最全面、时期最特殊的一期。中共中央当时发文到各

① 李超：《中共三大与广州——兼论中共三大精神的传承》，《广东省社会主义学院学报》2017年第4期。

地党组织，要求选派有一定文化知识并且有从事农民运动经验的同志前来报考，录取人数也从第五届的114名学员增加到327名学员。因此，自第六届开始真正成了全国性的农民讲习所，中国农民运动的孵化器。尽管当时学员学习的条件非常艰苦，但师资却非常雄厚，毛泽东、周恩来、彭湃、恽代英、萧楚女、李立三、阮啸仙等都曾任教员。学员们都很珍惜这样的学习机会，在学习过程中非常刻苦。学员们报到后，基本上是按照部队的生活方式来管理，换上军装，打上绑腿，每天除了上课以外，还要进行军事训练，业余时间还要开展讨论。

毛泽东在广州举办第六期农民运动讲习所时，在讲课中十分注重根据学员特点来说明问题。据当时的学员回忆，毛泽东在讲“中国社会各阶级的分析”这门课的时候，在黑板上画了一座宝塔，一边画、一边讲：“你们看，最下层是塔基，有工人、农民，还有小资产阶级，人数最多，受压迫和剥削最深，生活最苦；压在他们上面的一层，是地主阶级、买办阶级，人数不多；再上一层是贪官污吏、土豪劣绅，人数更少；更高一层是军阀；塔顶是帝国主义。”毛泽东接着说，“压迫、剥削阶级虽然很凶，但人数很少。只要大家齐心，团结紧，劳苦大众起来斗争，压在工农身上的几座大山都可推翻。百姓齐，泰山移，何愁塔之不倒乎！”[①]这种形象化的教学方法，给学员们留下了深刻印象。

农讲所办学的最大特点就是理论联系实际，把革命理论与实际斗争结合起来。第六届学员到粤北韶关等地去考察、学习。学员到了韶关以后，就参加了乡、县农民协会的成立大会，然后再下乡去了解、调查农民运动的情况。同年9月，北伐战争进展顺利，共产党领导下的农村革命浪潮一浪高过一浪。为适应形势的需要，第六届学员提前结业。彭湃告诉学员，你们回去开展农民运动的时候，不能停留在口头上，要做一些具体的实际工作，要真正帮助农民解决他们的实际困难，这样才能把农民发动起来。来自全国20个

① 吴继金：《毛泽东讲党课》，《世纪风采》2018年第5期。

省区的学员返回家乡，积极发展党团组织，带领农民打土豪、分田地，成为农民运动的骨干力量。第六届农讲所的学员结业才几个月，毛泽东就在《湖南农民运动考察报告》中对农民的迅猛发展做了这样的描述，“这个攻击的形式，简直是疾风暴雨，顺之者存，违之者灭。其结果，把几千年封建地主的特权，打得个落花流水。地主的体面威风，扫地以尽”。毛泽东自信地预言，“很短时间内，将有几万万农民从中国中部，南部和北部各省起来，其势如暴风骤雨，迅猛异常，无论什么大的力量都将压抑不住。他们将冲决一切束缚他们的罗网，朝着解放的路上迅跑。一切帝国主义、军阀、贪官污吏、土豪劣绅，都将被他们葬入坟墓”。

中国共产党十分注重与基层百姓的紧密联系，广州农民运动讲习所培养起一大批农民骨干。学员们在这里学习农民运动的理论与方法，接受军事训练，毕业后奔赴全国各地，成为中国农民运动的骨干力量，实践了“农村包围城市、武装夺取政权道路”的思想。他们正是燃起中国革命熊熊烈火的火种。

广州农民运动讲习所在组织形式、教学、社会实践方面都非常有创新性，体现了中国共产党解放思想、实事求是、勇于创新的精神。组织形式主要体现为，广州农民运动讲习所是大革命时期以中国国民党名义、由中国共产党人主持的培养农民运动干部的学校，使当时年幼的中国共产党克服经费不足等各种困难，培养了大批农民运动的骨干。而教学方式也非常创新，坚持理论联系实际，将革命理论与实际斗争结合起来，高度重视社会实践，教学效果显著。

另外，农民运动讲习所的教员中有不少是有素养的马克思主义理论教育家，同时也是脚踏实地的革命践行者。他们以满腔热情投入教学活动中，对学员们言传身教，鼓舞学员们深入人民中去，投身革命。

★ 反帝风暴：省港大罢工

1925年6月，广州和香港工人在中国共产党的领导下，为反抗帝国主义制造的五卅惨案，支援上海人民的反帝斗争，举行了震惊中外的省港大罢工。这次大罢工整整坚持了一年零四个月的时间，罢工工人总数达到了25万人。其组织之严密、领导之坚强，规模之巨大、历时之长，声势之壮、涉及面之广，在中国工人运动史上是空前的，在世界工人运动史上也是罕见的。省港大罢工在中华民族解放运动史上写下了可歌可泣的一页。

1924年7月爆发的广州沙面工人大罢工，犹如一声报春的惊雷，拉开了中国工人运动复兴的帷幕。1925年，广东的工人运动更是高潮迭起，蓬勃发展。而在这一年的5月30日，上海日本纱厂工人顾正红被日籍职员枪杀，发生了举国震惊的五卅惨案。五卅惨案的消息像一支巨大的火炬，传到哪里，哪里就燃起熊熊的反帝烈火。消息传到广州，中共广东区委于5月31日晚召开党员、团员大会，决定组织临时委员会，联络工、农、商、学和青年军人等革命团体举行示威游行，并筹划在省港两地举行大罢工，以声援上海人民的反帝爱国斗争。

省港大罢工

6月上旬，为了加强党对罢工斗争的领导，中共广东区委决定在罢工委员会中成立中国共产党党团委员会，作为罢工斗争的领导核心。中共中央广东临时委员会指派邓中夏、黄平、杨殷、杨匏安、苏兆征五人组成党团，作为罢工的指挥机关，前往香港组织罢工。经过一番努力，香港各工会代表接受了全港总同盟罢工的决议，成立了以苏兆征为干事局长的全港工团联合会，具体负责组织香港工人罢工。与此同时，中共广东区委在广州亦加紧开展罢工的各项工作，决定由冯菊坡、刘尔崧、施卜、李启汉、林伟民、陈延年组成“党团”，并指派冯菊坡、刘尔崧、施卜到沙面英法租界再次发动罢工。

在苏兆征等人带领下，香港海员、电车和印务工人等连同广州沙面的工人同时行动，于1925年6月19日正式打响这次反帝罢工斗争的第一炮，开始了省港大罢工。由苏兆征等参与和主持起草的罢工宣言指出：“中国自从鸦片战争以后，帝国主义除了经济的政治的文化的侵略以外，还要加以武力的屠杀，是可忍，孰不可忍……我们为民族的生存与尊严计，明知帝国主义的快枪巨炮可以制（致）我们的死命，然而我们亦知中华民族奋斗亦死，不奋斗亦死；与其不奋斗而死，何如奋斗而死，可以鲜血铸成民族历史之光荣。所以我们毫不畏惧，愿与强权决一死战。”[①]声明拥护上海工商学联合会提出的17项条件，并提出香港市民有政治自由、法律平等、普遍选举、劳动立法等六项要求。

港英当局实行紧急戒严和封锁对付罢工，引起罢工群众的愤怒，罢工群众纷纷离港赴广州。6月23日，香港罢工工人和广州工农学生群众共10万余人聚至广州，悼念五卅烈士，参加了五卅惨案的追悼大会，会后举行游行示威。当游行队伍经过沙基时，对岸沙面租界的英法军队突然用机枪扫射群众，制造了骇人听闻的沙基惨案。这一血案激起广州、香港群众更大的反帝怒火。

---

① 彭湃：《省港大罢工中的反帝爱国统一战线》，《党史文汇》2020年第6期。

屠杀吓不倒英勇的中国人民。中共广东区委认为一定要把斗争深入下去，把规模扩大，联合香港工人阶级组成省港罢工委员会。省港罢工委员会是中国共产党通过中华全国总工会领导的革命群众组织。按民主集中制的原则，各行业罢工工人按人数比例选出代表，重大事情经集体讨论决定，保证罢工的各项政策和策略的贯彻执行。为了有效确保罢工斗争的胜利，罢工委员会成立了约3000人的工人武装纠察队。纠察队成为罢工委员会直接领导下坚决贯彻其意志的、捍卫广大罢工工人利益的、敢于与帝国主义和反动势力做斗争的革命队伍。罢工委员会采取罢工、排货、封锁三项措施同英帝国主义做斗争。工人武装纠察队封锁了香港，切断了香港和外界的物资联系。工人武装纠察队在各海口驻防，东起汕头，西至北海，对千里海岸线实行封锁，使香港经济活动陷于全面瘫痪，航运停顿，进出口贸易额锐减，商业萧条。仅11月、12月两个月，香港宣告破产的商店达3000余家，股票、地产急速贬值。港英当局财政收入萎缩，1925年财政赤字达58万英镑。罢工期间，港英当局每日损失180万元。省港罢工委员会还规定“特许证”制度，“凡不是英国货及英国船不经过香港者可准其直来广州”。此举打破了各帝国主义一致对付广州的局面，并争取了广东商人的中立，稳定了广州金融。

省港大罢工沉重打击了英帝国主义。面对蓬勃高涨的省港大罢工运动，香港总督史塔士束手无策，最后被英国政府解职。新接任的港督金文泰，初始也踌躇满志，对罢工工人的要求不以为意，蛮横地拒绝了工人们提出的复工条件，甚至单方面宣布停止解决罢工的谈判。为此，中共广东区委于1926年2月间发动留港的工人、市民掀起第二次罢工浪潮，又有一万多人离港返回内地。同时，广州各界民众也发起第二次“援助罢工周”。省港大罢工的斗争呈现出白热化的形势。

省港大罢工，在政治上、经济上沉重地打击了英帝国主义，同时对巩固广东革命根据地和准备北伐战争起了巨大作用。1926年7月，国民革命军誓师北伐，革命重心逐渐向北转移。为了集中力量支援北伐，巩固广东革命根据地的后方，同年10月10日，中共广东区委发表《为省港罢工自动的停止封锁宣言》，省港罢工委员会也发表《停止封锁宣言》。这一天，广州市30万民众举行盛大集会，一致拥护省港罢工委员会所做出的关于停止封锁、结束罢工的决定。至此，省港大罢工宣告结束。

省港大罢工持续16个月，是世界工人运动史上时间最长的一次罢工。省港大罢工不但扩大了中国共产党的影响，还锻炼了中国共产党的组织，使工人阶级的力量在整个运动过程中充分展现出来，也使各阶层人民看到，要进行斗争，必须团结起来，必须依靠工人阶级。

省港大罢工是中国工人阶级在中国共产党的领导下，通过建立反帝爱国统一战线，对中外资本家的反攻倒算进行的一次不屈不挠的英勇斗争。省港大罢工显示了中国工人阶级的伟大力量和不畏强暴、坚强不屈的革命精神，在中国革命史上写下了光辉的一页。省港大罢工能坚持这么长时间，充分体现了中国共产党人的顽强毅力和高贵品质，他们以卓越的组织领导才能和对革命事业忠心耿耿、大公无私、任劳任怨的高贵品德，赢得了广大工人的热爱和拥戴。

★ 霹雳一声雷：广州起义——探寻革命道路

1927年，大革命失败以后，为了挽救革命和探索新的革命路线，中国共产党发动了南昌起义，并且于1927年8月7日在汉口召开紧急会议，及时制定了新的斗争策略，确定了土地革命和武装反抗国民党反动派的方针，为探寻中国革命道路起到了关键性的历史作用。八七会议后，中国共产党继南昌起义、秋收起义之后，又发动和领导了震惊中外的广州起义。

1927年11月中旬，广东、广西两派军阀之间的战争爆发。张发奎、黄琪翔赶走了李济深、黄绍竑，夺取了广东的政权。张发奎为巩固自己的统治地位，任命黄琪翔为前敌总指挥，率领部队开赴西江，以防御桂系军队卷土重来。而留在广州市区的部队，除了公安局的保安总队和各区局的警察约3000

人外，还有第四军军官教导团、第四军新编警卫团。而这些部队多由共产党员及倾向革命的士兵组成，实为共产党所掌握的武装力量。张发奎把重兵集结于外围，使广州市内兵力空虚。

此时，中央临时政治局召开了扩大会议，会议认为“目前广东的局面正是工农进攻的一个极好机会”。11月17日，中央常委通过了《广东工作计划决议案》，命令广东省委“急速”发动全省暴动，“建立工农士兵代表会议的统治”，并规定暴动的中心是夺取广州政权。11月26日，张太雷由香港抵达广州，召开了省委常委会议，具体研究了广州起义问题，决定“立即暴动”，“准备夺取广州政权”。会后，成立了由张太雷为书记，黄平、周文雍为委员的革命军事委员会，作为起义的领导机关。广州起义进入实际筹备阶段。12月7日，省委根据中央的指示精神，召开了广州工农兵代表会议（苏维埃），选举产生了执行委员会，作为广州苏维埃最高权力机关，并正式决定于12月12日举行广州起义。

中共广东省委做出了“立即起义”的决策后，即与广州市委共同加紧进行起义前的各项准备工作，加强各级党组织的领导力量。全市各级党组织在省委、市委的领导下立即行动起来，全力以赴投入起义的准备工作。一是大力开展宣传鼓动工作。发布暴动宣言并印发了大量传单，号召工人、农民、革命士兵“变军阀战争为工农兵革命胜利的战争”“准备为广州苏维埃而战争”，并开展对士兵的发动和组织工作。二是把工农革命群众组织起来，进行军事、政治训练。省委在广州市郊设立党的秘密联络机关，设法联络工人，动员他们参加广州起义，并把省港罢工工人利益维持队、工人自救队、剑仔队等广州工人秘密组织统一改编为广州工人赤卫队。三是省委通过地下党组织和叶剑英（中共秘密党员）在张发奎部的工作关系，积极争取国民革命军第四军军官教导团、警卫团等武装力量参加起义。四是省委还十分重视用土地革命的口号组织和发动农民群众进行暴动，以保卫广州起义的胜利。

12月8日，广东省委向中央报告起义的准备情况时，确定了起义的口号和政纲。口号是：“要饭吃，要田耕，要太平；没收资本家财产，没收一切田地给农民、士兵；一切权力归工农兵政府。”政纲是：“8小时工作，增加工资，工人监督工厂，政府抚恤失业工人，恢复罢工工人原有利益；没收一切土地给农民、士兵；增加一切雇员薪金，兵饷每月20元；消灭军阀战争，建立工农兵代表会议；联合苏俄，反对帝国主义。”①

正当起义准备工作紧张进行之际，起义计划不慎泄露。中共广东省委把起义的日期12月12日提前到11日。12月11日凌晨2时，张太雷、叶挺、周文雍、恽代英等起义领导人赶赴北较场四标营教导团驻地部署起义，3时30分，全团集合誓师。张太雷、叶挺先后发表演讲，正式打响广州起义的第一枪。各路起义部队和工人赤卫队按照作战任务分别奔赴预定目标，有如万箭齐发，全城顷刻间沸腾起来。在各处集中待命的工人赤卫队听到起义枪声后，纷纷举起红旗，系上红巾带和红臂章，手持各种枪支和梭镖、铁尺、手榴弹等武器，按预定作战目标向敌人发起攻击，夺取各区敌据点。黄埔特务营的革命官兵也迅速占领了鱼珠炮台等险要据点。

天亮前，除国民党第四军军部、军械库，第十二师师部、中央银行等少数敌据点尚未攻占外，起义军已占领了珠江北岸的大部分地区。6时，市公安局屋顶上竖起了绣着镰刀斧头的大旗，大门口悬挂着“广州苏维埃政府”横额，广州工农民主政权——广州苏维埃诞生了！刚成立的工农红军总司令部也设在院内，总司令叶挺、副总司令叶剑英、省委军委负责人黄锦辉、聂荣臻等都在这里指挥起义军战斗。天刚亮，苏维埃政府在这里举行了首次会议。

会议通过了苏维埃政府政纲和苏维埃政府领导人名单：苏兆征担任苏维埃政府主席，由于苏兆征未到任，由张太雷任代理主席兼人民海陆军委员，内务兼外交委员黄平，肃反委员杨殷，土地委员彭湃（未到任前由赵自选代理），劳动委员周文雍，司法委员陈郁，经济委员何来，秘书长和《红旗日报》主编恽代英，工农红军总司令叶挺。会议还做出了一系列重要决定，颁

① 广东革命历史博物馆：《广州起义资料（上）》，人民出版社，1985年版。

布了《广州苏维埃政府告民众书》《广州苏维埃宣言》《广州苏维埃职员名单》《广州苏维埃革命纪实》等一系列重要文件，公布了苏维埃政府的主要政纲。

广州起义的爆发给国民党广东当局以沉重的打击，极大地震惊了中外反动势力，但是第一天取得的局部胜利并没有改变敌强我弱的全局形势。至12月12日，广州形势急转直下，国民党外围增援部队从东、西、北面蜂拥进逼广州。李福林第五军在海军军舰的掩护下，多次强行渡江，严重威胁广州苏维埃政权。12日午后，广州起义总指挥张太雷在丰宁路西瓜园群众大会发表演说后，与苏联顾问乘车赶往前线指挥作战，途中遇袭，张太雷中弹牺牲，起义骤失指挥中心。面对中外反动势力的疯狂反扑，在叶挺和叶剑英的指挥下，起义军民在继续肃清市区残敌的基础上，积极抗击外围进犯的敌方援兵。

黄昏时分，敌人的援兵源源而至，起义军民四面受敌，各个阵地全面吃紧。在这危急关头，在起义军总指挥部召开的紧急会议上，共产国际代表纽曼决定"党及工农运动负责人可以暂退，留军事同志在此指挥，看形势再说"。会议仍未做出撤退的决定。但此时形势已急剧恶化：东面，李汉魂部进攻沙河和广九车站；南面，李福林在帝国主义军舰掩护下渡江北犯；西面，英帝国主义海军陆战队正配合许志锐部和薛岳部进攻观音山。在这千钧一发之际，叶挺和聂荣臻当机立断，决定立即组织撤退。此时，市内部分地区已开始巷战，敌我战线犬牙交错。起义军的指挥系统已乱，领导人之间失去联系，结果除教导团及少数部队接到撤退命令突围外，大部分工人赤卫队员因没有接到命令而仍留在市区与敌人浴血奋战。13日下午3时，广州苏维埃政府所在地陷落。反动派卷土重来。

国民党反动派军队重占广州后，到处搜捕起义者和革命群众进行血腥大屠杀。至19日，遇难者5700多人。苏联驻广州领事馆副领事哈西斯等5人也惨遭杀害，广州再次笼罩在白色恐怖之中。

广州起义是中国共产党继南昌起义、秋收起义之后，对中国革命道路的又一次艰难探索。它们一起成为中国共产党独立领导革命战争和创建人民军队的伟大开端。起义虽然受到重挫，但它鲜明地树起了工农民主政权的旗帜。广州苏维埃被誉为“中国的巴黎公社”。它的挫折再次证明在敌人掌握强大武装并占据中心城市的情况下，要通过城市武装起义夺取政权是不可能的，革命只有在反革命无法控制的广大农村才有可能积蓄力量，最后夺取革命的胜利。经过三天的浴血奋战，起义者们在崇高的共产主义信念鼓舞下，表现出无产阶级的坚定立场和大无畏的气概，显示了中国共产党人的强大力量。他们坚定的共产主义信念和不怕牺牲的革命精神，成为人民军队的优良传统和中国共产党的宝贵精神财富。

虽然广州起义失败了，但它保留了一批革命种子，转移到农村继续斗争。从广州撤出的起义军主力1000多人，在花县改编为工农红军第四师，由叶镛、王侃予、徐向前等率领，奔向海陆丰，同董朗、颜昌颐率领由南昌起义军改编的红二师会合，在以彭湃为书记的中共东江特委领导下，为创建东江革命根据地进行艰苦的斗争。转移到广西的部分起义者，后来参加了由邓小平、张云逸、韦拔群等领导的百色起义和龙州起义。另一部分起义军突破敌军的重重包围，在韶关附近与朱德、陈毅率领的南昌起义军会合，经过艰苦转战，走上井冈山，与毛泽东率领的秋收起义部队会师。因此，广州起义和南昌起义、秋收起义连接在一起，是中国共产党单独领导革命战争和创建人民军队的伟大开端。

广州起义是中国共产党领导和组织的对国民党反动派叛变革命、实行大屠杀政策的英勇反击，第一次公开打出了“工农红军”的旗帜，并开创了城乡配合工农兵联合武装起义的先例，是挽救中国革命的一次伟大壮举。由于广州起义具有重大的历史意义，1928年6月，中共六大决定把12月11日作为广州起义纪念日，号召千百万劳动群众每年都来纪念这个光荣的日子。1929年12月11日，毛泽东在于上杭县主持召开的红四军纪念广州暴动两周年的大会上，号召全军指战员学习和发扬广州起义的革命精神。1931年12月11日，毛泽东还以中华苏维埃共和国临时中央政府主席的名义签署了《中华苏维埃共和国劳动法》，明确规定每年12月11日这一天停止工作，集会纪念广州起义。

广州起义所体现出来的中国人民不怕牺牲、不屈不挠的大无畏精神，前仆后继、英勇拼搏的坚强意志和艰苦卓绝的斗争精神，各方合作、齐心协力的团结精神，以及勇于尝试、敢为人先的创新精神，值得永远传承下去。它也充分展示了中国共产党人坚定理想信念、献身革命理想的坚强意志和英雄气概。它所树立的历史丰碑，永远为人们所景仰。[①]

气壮山河：感人革命故事

广州市市花为木棉花，也是英雄之花，红得纯正，开得坦荡。正如光荣的中国共产党员，傲迎风雨，坚贞不屈，正气浩然。

广州的革命历史是一部英雄的历史，每一个英雄都是一面高高飘扬的旗帜，又仿佛黑夜里一座引航的灯塔。在艰难时刻，他们面对敌人的威胁利诱和酷刑摧残，不屈服、不妥协、不背叛，坚持斗争，把自己的青春热血和殷切情怀献给了中国共产党，其革命精神殊为崇高。他们为中国共产党领导的革命事业做出了巨大贡献。

刑场上的婚礼

“头可断，肢可折，革命精神不可灭。壮士头颅为党落，好汉身躯为群裂。”这是共产党员周文雍就义前在监狱墙壁上写下的一首不朽诗篇。

“为了革命利益，过去我们一直保持着纯洁的同志关系，今天，我要向

① 林雪琴：《广州起义精神研究》，《党史博采·理论版》2018年第5期。

周文雍和陈铁军

大家宣布：让反动派的枪声，来作为我们结婚的礼炮吧！”这是共产党员陈铁军在生命的最后一刻，做出的一段慷慨激昂的演讲。

什么叫爱情？这也许就是千古绝唱的爱情吧！周文雍和陈铁军，一对“弄假成真”的革命夫妻，一首在刑场上举行婚礼的爱情绝唱。这份爱让无数人感动落泪。

周文雍和陈铁军都是广东人，中国共产党员。1927年4月，广东的反动派对革命战士发动了大屠杀。大批党员和革命群众惨遭杀害，白色恐怖笼罩整个广州。在这样的形势下，担任社会主义青年团广州地委书记的周文雍接替遇害的刘尔崧任广州工人代表大会主席，与奉命留在广州的广东区委妇委委员陈铁军假扮夫妻，建立秘密机关，领导群众继续斗争。

和陈铁军假扮夫妻后，周文雍的主要工作是组织广州工人暴动。当时，在广州的汪精卫、陈公博等人以“民主”“自由”为幌子，借机笼络人心。

为了揭穿他们的真面目，周文雍率领数千名工人，在汪精卫的官邸葵园门前喊口号，要求释放被捕工人。敌人恼羞成怒，派出大批军警镇压工人。周文雍受伤后被捕。

周文雍被捕后，幸未暴露真实身份。党组织成立了营救小组，陈铁军和大家一起制定营救计划。陈铁军派人把关押周文雍的地点搞清楚后，又让人设法告诉周文雍不饮茶水，以引起“高烧”，说是患了伤寒，再发动狱中难友起哄，迫使敌人把周文雍从监狱送进医院。营救小组安排便衣武装，把周文雍从医院救出。周文雍被救出来后，仍与陈铁军假扮夫妻在广州做地下工作。

广州起义第二天，长堤方向告急。警卫团的领导不会粤语，难以同工人协调，指挥部急需一名翻译。周文雍看看身边，发现只有陈铁军可派，在枪炮声中两人面对可能的生离死别，只是深情地互道珍重。广州起义失败后，周文雍突围撤离广州，辗转到香港，负责联络和安置撤到香港的同志。

1928年1月，两人回到广州，主要任务是联络失散的同志。周文雍返回广州，当选为中共广东省委常务委员兼广州市委常务委员，在陈铁军的掩护下，两人继续假扮夫妻，开展地下工作，重建党的机关。在共同战斗中，他们产生了爱情，但在白色恐怖中一直将爱情埋在心里。不幸的是，由于叛徒出卖，1月27日，也就是大年初五的那天，在组织广州市“春季骚动”期间，周文雍和陈铁军同时被敌人逮捕。

周文雍被捕后，警察局局长朱晖日亲自提审。他见周文雍毫不动摇，下令用“放飞机”“坐老虎凳”“插指心”等酷刑逼供。周文雍几次昏厥，仍然不向敌人吐露一句实情。陈铁军受审时面对威胁利诱也毫不动摇，只关心“丈夫”的情况。由于他们坚贞不屈，敌人无计可施，决定公开处决这对“共产夫妻”。

周文雍在广州名气很大，广东军阀公开审判时，为掩盖拷打痕迹，为他脱下血衣，换上半旧西装。法庭问他有什么最后要求时，周文雍毅然回答：“只要求和陈铁军同志一起照张相。”留下的照片上的周文雍大义凛然，只是手势不正常，显然是受刑后造成的。陈铁军则披着四五尺的宽围巾，呈现出一副端庄安详的样子。

1928年2月6日即旧历元宵节的下午，天空下着毛毛细雨，寒风刺骨。敌人将周文雍、陈铁军从市监狱押赴红花岗刑场。他们沿途慷慨激昂地高呼“打倒帝国主义！”“打倒国民党反动派！”“中国共产党万岁！”，高唱《国际歌》，还向群众发表演说。群众闻声赶来，尾随刑车，形成悲壮的送别行列。英雄昂首挺胸地走向刑场，仍不停地高呼口号。开枪之前，面对大批围观百姓，陈铁军大声呼喊道：“我和周文雍同志假扮夫妻，共同工作了几个月，合作得很好，也建立了深厚的感情。但是由于专心于工作，我们没有时间谈个人的感情。现在，我们要结婚了。就让国民党刽子手的枪声，作为我们结婚的礼炮吧！”在生命的最后时刻，他们决定将埋藏在心底的爱情公布于众。在广州红花岗刑场，两位气吞山河的年轻共产党人面对敌人的枪口，在生命的最后时刻，把刑场作为结婚的礼堂，把反动派的枪声作为结婚的礼炮，从容不迫地举行了婚礼。其婚礼之悲壮，空前绝后。此时周文雍仅有23岁，陈铁军24岁。

周文雍与陈铁军这一对恋人，为了党和人民的利益做出了伟大的选择，为了民族复兴、为了共产主义的远大理想和革命事业，舍弃了宝贵的生命。他们在生命的最后一刻，书写下对党一以贯之的忠贞和初心情怀，用生命捍卫崇高的信仰。这种不畏牺牲、奋勇拼搏、坚贞不屈、忠诚于党的崇高精神令人敬仰。

身陷囹圄意志坚

大革命时期广州风云激荡、英雄辈出。在广州的革命发展史上，有个引人注目的现象：一个在监狱中创立的组织，在那个特殊的危险时期，在党组织屡受破坏的环境中，共产党人仍然不屈不挠，牢记使命，以血肉之躯坚决捍卫中国共产党的信仰，在广州竖起不倒的红旗。“五月的鲜花，开遍了原野，鲜花掩盖着志士的鲜血……”1927年5月，熊锐、萧楚女、毕磊、沈春雨、李森等12位共产党员被敌人秘密杀害于南石头监狱，这批共产党员都属于中共南石头特别支部（简称“特支”）。

中共南石头特别支部是由关押在广州市南石头监狱的中共党员组成的支部。南石头监狱坐落于广州市海珠区洪德西路末端，靠近珠江白鹅潭，建在清朝镇南炮台旧址，始称“国民党广东省公安局南石头惩戒场”，后改称“惩教场”，习惯上被称为“南石头监狱”。这里本来是一座关押刑事犯的监狱，广州四一五反革命政变后变成监禁共产党员和革命人民的地方。在国民党反动派统治时期，它是广东省唯一的大监狱，不少共产党人、革命志士在这里被关押、杀害。监狱壁垒森严，岗哨林立。关押在这里的中共党员共约100人。狱中的党员即便一息尚存也团结组织起来，建立了中共南石头监狱特别支部，领导难友进行斗争。

据记载，首批被关押在南石头监狱的有黄埔军校第六期师生（700多人）、中山大学革命师生、省港大罢工的领导与骨干。仅能容纳1000多人的监狱里关押了数千人。革命者被关押后，头发被剃，脚加重镣，每日仅能放风两次，且时间短暂。监狱中卫生情况糟糕透顶，饭食更是糠糟不如，不少狱友不久就身染疾病。

曾被关押的共产党人刘志远在回忆录中写道，整座监狱分为楼上楼下两层，均用钢筋、水泥、铁闸建成。全座监狱里面是一个“井”字形。“井”字的中心是一个四方形的空地，中间修了一个小礼堂，供日常“训导”犯人之用。另外依照“井”字分为四条十字式的巷道，各十字中间修成一个厅，厅的大小一样，各有对称的四个铁制大窗，而“井”字中分为东、南、西、北楼以及东、南、西、北地。①

曾被关押在南石头监狱的郑素明回忆，他们被关押在南石头监狱时，

① 卢杰：《“南石头监狱”，有望打造成红色爱国教育基地》，《信息时报》2018年7月19日。

头发被剃成"十"字头，双脚紧扣重铁镣，身穿红绿旧囚衣，身睡狭窄鸽笼头，餐与猪食无异，得病无人医治，时刻面对着死亡的威胁。

极度险恶、残酷的环境，逼得一些难友消沉、自残，甚至自尽，但真正的革命者永远不会屈服于敌人的淫威。共产党人仍牢记使命，不放弃抗争。同在一个监狱的党的优秀干部有黄埔军校入伍生政治部主任熊雄，中山大学学生领袖夏梅白，因广州起义失败而被捕的周文雍、陈铁军等许多同志。面对敌人的枪口，他们大义凛然、英勇就义。革命烈士的鲜血，更增添了同志们对敌人的无比仇恨，也教育了革命者，使他们更加看清了反动派顽固、虚伪的本质。优秀共产党员熊雄是最早一批被关进南石头监狱的共产党人。一到此地，他就利用放风的机会，争分夺秒地同被囚禁的黄埔学生交谈，指出："此次事件，不是一时的风波，而是中国革命关头的转折点。大家要做好长期打算，组织起来，实现'监狱是革命者的学校'。"开国上将宋时轮当时就是被关押在南石头监狱的黄埔军校学生。他曾在文章中回忆道，"半年后，见条件成熟了，我们才在狱中建立党支部组织，把斗争坚持下去。事后，我们才知道熊雄还细心耐心地同狱中其他许多人谈过同样内容的话，同样鼓舞了他们的斗志。"

于是，难友们暗中串联，成立了各式各样的学习小组，还成立了济难会。难友们下定决心，要把这罪恶的牢底坐穿。为了进行监狱斗争，被捕入狱的100多名共产党员推举了八人组成领导小组，该小组直属中共广州市委。后因小组负责人中有过半被杀害，需要重组领导机构，且中共广州组织打进国民党公安局内部的刘乃义也有此建议，故中共南石头监狱领导小组改为中共南石头特别支部。特支内设书记、宣传、组织、工干、军干，以及候补特支委员两人，共七人。1928年冬，特支书记潘云波出狱后，在香港找到了中共广东省委，故特支改属省委领导。历任党支部书记有潘先甲（狱中化名）、刘光、谢四（狱中化名，实际上是阮啸仙之弟）、江坤、郭枝等。从1929年3月6日特支成立，南石头狱中党支部针对狱中各种酷刑和非人待遇，领导狱友开展斗争，包括绝食斗争，并组织了学习和互救，主要有三类工作：一是训练同志，二是应付敌党，三是改善群众生活。在共产党员黎云的回忆录中有记载，支部的工作任务是团结大多数难友，孤立少数叛徒、内奸分子；广泛开展谈心教育工作，消除悲观情绪，让大家看到前途；鼓励大家锻炼身体，适当开展文娱活动；积极开展读书活动；争取改善生活。

随着狱中党组织规模的不断扩大，特支成员相应调整了工作职责：一是支部书记负责与狱外的联络和制定每月的工作计划；二是支部其他成员每人负责一方面工作和处理临时问题；三是在特支的组织部增设经委会和群运会。这样就可将新吸收的同志先编入经委会训练一段时间，再正式编入组织。

狱中党组织为了让党员们及时地了解党的各种路线方针政策，制定了严密的学习制度，采取借助放风和各种松散活动的机会，给党员们传达上级指示和信件。如为了训练同志，支部每周开小组会议一次，分析敌情，总结或部署工作，开展批评与自我反省。通过这些措施，党员们更加坚定革命立场和气节。在会议上，负责人要综合各种信息做一个政治报告，同志们围绕一至两个政治问题进行针对性讨论。支部要求党员都必须接受为期三个月的初级军事指挥员训练，这样出狱的党员既可胜任秘密工作，又可以任命为基础军官。

监狱内人员复杂，有立场坚定的中共党员和群众分子，也有第三党成员，还有曾经变节的党员和反动分子。因此，为了破坏敌人在监狱中的组织，狱中的党组织还特地建立了一个侦察敌人内部情况的侦察队，主要负责以下相关活动："监视敌人行动""侦察敌人内情""破坏或离间敌人组织""破坏敌人在群众中之信仰"。

为了教育普通难友，动员并组织他们进行斗争，狱中的党组织在监狱内搞"群众运动"。首先是针对敌人在狱内成立的"感化院"成立了感化生干事会，通过及时揭露敌人的欺骗宣传，使敌人的宣传效果大大降低。其次是争取教育群众，狱中党组织通过成立的群众运动委员会以不同的名义将基本群众组织在"三合会""东莞同乡会""广宁同乡会""一心泪社"（为文艺组织）中，使这些群众成为党组织的外围。另外，还设法使买菜人员由可靠的人来担任，获得了相对多的方便条件，以利于党开展各种活动。狱中党组织通过组织读书会来领导难友们进行斗争。为了收集书籍和报纸，他们一方面买通一些狱卒帮忙每天从外面购进报纸，另一方面在亲友探监时顺便带进一些革命书籍。这些书籍和报纸在难友之间秘密传阅。通过这些方式，难友们不但学习了党的知识，还学习了其他学科知识，如哲学、政治经济学、英文、日文和世界语。

狱中党组织对生病和困难的同志给予种种帮助与救济。所资助的经费在与市委保持联系时，由互济会每月拨钱。与市委失去联系后，为了解决经费的问题，狱中党组织成立了储蓄会，规定可以从有家人或亲友接济的同志的费用中按比例提取一部分，作为买药治病之用。随后还成立了对有亲友资助的同志征收特别党费的经委会。

共产党员刘志云曾回忆道：经过了一番艰苦的斗争，南石头监狱的环境得到了改善；得病的人能得到简单的医治；后来，监狱中还逐步开展起了下象棋等文娱活动，并成立了秘密读书会。

由于狱方供给的伙食越来越差，为了改善伙食条件，狱中党组织领导难友进行了多次绝食斗争。1934年4月间开展绝食计划。为了筹备绝食斗争，党组织推选出7人组成了总罢食委员会，筹备绝食的有关事宜，还起草了“快邮代电”稿，准备通过向社会揭露监狱虐待政治犯等罪行，争取外界的舆论支持。

绝食斗争按计划进行。一天傍晚，当伙房把饭菜摆开时，难友们齐声呼喊“总绝食开始了！”难友们敲打盘碟的声音汇成一片，震动全楼。狱方当班值勤全部出动，加强戒备，并派人把饭菜塞进各仓内，逐仓进行劝食，但难友们不为所动，坚持绝食。甚至为了抗争到底，难友们也绝水了。四天的绝食斗争，难友们不吃不喝，以顽强的斗争意志使敌人做出了让步，提出要与政治犯代表协商解决问题。邓少卿、李光、周启明被推举作为代表与狱方进行谈判，最终狱方接受了改善伙食、改善卫生设备、准许政治犯放风、家属探监等要求。政治犯们复食才一个星期，在绝食斗争中与敌人进行谈判的三个代表就被敌人秘密杀害了。

在南石头监狱，共产党人的革命斗志并没有因被囚而消磨。中共南石头监狱特支在苦难中反而为革命事业选拔、培养和锻炼了一批革命骨干。中共南石头监狱特支的情况再次证明，中国共产党最能深入群众，拥有众多坚定的信仰者，无数党员真正做到了“无论何时何地各个党员的言论，必须是党的言论，各个党员的活动，必须是党的活动；不可有离党的个人的或地方的意味”。可见，中共南石头监狱特支体现了中国共产党组织的严密、巧妙机智与敌伪顽之间进行斗争的策略，是一个特殊的战斗堡垒。

中共南石头监狱特支在监狱中坚持学习、斗争，谱写了一首波澜壮阔的共产党人正气歌。他们善于斗争，不屈不挠，讲求斗争艺术，注重策略方法，不忘组织群众，体现了他们敢于斗争、敢于胜利的革命精神。他们认为民族根本利益高于一切，具有革命为民的崇高理想和信念，忠诚于自己的政治选择，坚信正义事业必将胜利。

★ 地下党“潜伏”，广州解放少了血雨腥风

1946年夏，在美帝国主义的支持下，蒋介石公开撕毁了停战协定和政协决议，大举进攻解放区，全面发动内战。1946年6月，国民党反动当局采取了一系列强化治安的措施，企图将广州的革命力量“斩尽杀绝”。为了避免党组织遭到更大的损失与破坏，广州地下党随即果断采取了一系列紧急措施，以确保组织的绝对隐蔽和安全，然后开展斗争：一是组织暴露党员或可能暴露党员的转移，分别把他们转移到农村或别的地方去；二是改变原有的组织形式，撤销原有的总支、支部和小组，代之以各条不同系统的线，各线下面采取单线联系、纵深配备的形式，把党组织完全隐蔽起来；三是积极建立爱国民主协会、广州工人协会等党的秘密外围组织，领导革命斗争；四是通过学习和思想总结进行自我教育，再一次审查留下的同志，并加强形势、革命

大公報
上海版

★新華社時評★
慶祝廣州解放和殲滅白崇禧主力

廣州解放

華南
我軍繼續掃蕩殘敵
切斷廣九鐵路攻克三水

《大公报》对广州解放的报道

理想、为人民服务、革命气节和秘工条例的教育。

经过上述措施把组织完全隐蔽起来，站稳脚跟，取得新的发展。撤退完毕后全市仍留下的中共地下党员约100人。当时，中共华南分局就设在香港，大量准备外逃的国民党党政大员也在广州“盘旋”，情报资源“丰富”。广州地下党“潜伏”人员众多，搜集的情报资料很多。在广州解放的过程中，这些共产党地下工作者正如谍战片《潜伏》的主人公余则成那样，冒死潜伏在国民党内部，传递情报、开展策反活动。这些共产党地下工作者有久经考验的革命家，有在不同领域工作的党员骨干，也有满腔热血投身抗日和革命的青年学生。无论处在什么样的岗位和环境下，他们都有共同的信念、共同的期盼、共同的意志、共同的责任——建立一个富强、文明的新中国。正是有了这些精准情报，解放军攻占广州时才有的放矢。由于早就掌握了各单位的详细情况，党组织接管广州才没有发生混乱。

豪门千金方郭良建立“空中情报运输线”。南京已经解放，国民政府“总统府”被迫迁入广州，广州成为国民党当局对抗解放军的重要堡垒，斗争形势变得严峻。广州解放为时不远了，中共广州地下党组织加紧收集国民党的各种情报，送到设在香港的华南分局，再转送给解放军。豪门千金方郭良是一位中共党员，她的父亲方人矩，曾任湖南省贸易局局长，后在广州经商，富甲一方，拥有自己的船队，经常往来粤港。由于家人在国民党担任要职，方郭良往返粤港畅通无阻。1949年5月，地下党组织交代方郭良，希望她能利用父亲的关系，送情报到香港。方郭良满口答应，觉得自己能为党担负这项重要任务，万分荣幸。为了避开警察检查，她学会了“伪装”——有时穿一身素色旗袍，两条辫子垂在腰间，打扮成去香港度假的学生，把情报夹在笔记本里；有时把自己打扮成娇贵的千金小姐，把两条长辫子梳成一个“U”形，辫子两头各系一个蝴蝶形的彩色丝带，情报就放在一个装丝带的盒子底部，有些写在薄纸上的情报就放在鞋垫里。她后来想出妙招：常常趁帮父亲拿公文包时，将藏有情报的信封塞在公文包里，到香港后再取走。自此，20岁的千金小姐跟在父亲背后，建立了一条稳妥、快捷的“空中情报运输线”。[①]

中山大学毕业生陈超打入敌人内部获取最新情报。1946年夏天，全面内战爆发后，蒋介石急于铲除各大城市的共产党地下组织，展开了残酷的搜捕和镇压，广州城笼罩在一片白色恐怖之中。为了执行党中央关于“隐蔽精干，长期埋伏，积蓄力量，以待时机”的方针，广州党组织决定派中山大学毕业生陈超打入敌人内部。曾担任过速记员的陈超经过层层审查，最终进入国民政府军委广州行营政治部。陈超利用自己当过速记员的有利条件，于1946年8月，打入了“广州行营”政治部任少校速记员，随后又通过一些关系，被晋升为中校秘书，从而为掌握敌人情报、探听敌人行动计划提供了有利条件。陈超有一个速记绝活，右手放在口袋里，靠一根铅笔头就能够速记，别人说

① 尹安学：《豪门千金建“空中情报运输线”》，《南国都市报》2009年6月26日。

什么，他能在不看纸笔的情况下，一字不漏地记录下来。他利用速记优势，迅速将敌人的人事变动、机构调整、会议记录等机密情报转交给地下党组织。陈超凭借这手绝活为地下工作做出了很大的贡献。

潜伏保卫组长程长清策反广州警察局上百名警察。地下党员程长清是国民党编余军官，1946年经党组织安排来到广州潜入警察局，后来被任命为独立大队大队长。为了策反，他平时在工作中总是有意培植自己的势力。随着1949年10月1日中华人民共和国的成立，局势更加明朗，敌人也纷纷溃逃，广州处在一片混乱中，程长清认为机会来了。10月11日，程长清和旧部下探讨时局，部下纷纷表示愿意跟他走。程长清争取了广州13个警察分局同意起义。通过努力争取，最终程长清带着警察局上百名警察起义，上交了740多支枪。10月14日晚8时，解放军打到广州北郊，程长清立即带着起义的警察赶过去迎接。1个小时后，关押在警察局和黄华路、仓边路监狱的犯人被释放，广州解放了。

地下学联成员劳永全策反高官父亲。广州地下学联成员劳永全的父亲劳柏秋，曾任国民党广东省军邮会会长，统管广州地区邮政业务，深得蒋介石的信任。1949年夏天，地下党员谢乾双找到劳永全，要他让其父亲弃暗投明。谢乾双提醒他任务艰巨，要有思想准备。劳永全也知道这个任务非常难，他父亲劳柏秋是老知识分子，客厅挂着蒋介石题赠的合影，家教严格，他自己很少有机会和父亲平等对话。但是劳永全还是尽力争取父亲，他询问父亲对解放军兵临广州城的看法，了解到父亲不想与那些贪官逃到海南岛去，打算去香港。劳永全急忙向地下党组织汇报父亲的动向。党组织认为劳柏秋主要是不了解共产党政策，以为解放后要共产共妻，才不想投靠共产党，应该对其加大宣传力度。劳永全接到指示后，回家后在父亲面前双膝下跪，公开了自己参加地下党领导的秘密外围组织——广州地下学联，并以共产党员的身份公开与父亲“谈判”。劳柏秋十分紧张，没想到国民政府撤得那么快，也没有想到儿子会参加地下学联，更没有想到共产党会通过自己的儿子向自己提出这样的要求。劳柏秋思想斗争激烈，一再问可靠不可靠。劳永全说：

“共产党讲话是算数的，傅作义将军起义就是一个真实的例子。我们完全对外保密，确保你的安全。”最后劳柏秋表示：如果共产党真有这样的政策，愿意和共产党合作。劳柏秋最终同意“叛党”，将国民党大量情报通过儿子送给地下党组织。在广州解放后举行的广州第一届人代会上，父子二人同时成为人大代表，劳柏秋惊喜之余，不禁老泪纵横。

地下党员潜入水厂确保供水正常稳定人心。1946年，中共地下党员赵式健就以职员的身份潜伏在水厂管理处开展地下斗争。刚入厂时，赵式健是级别最低的职员。他和普通工人打成一片，和工头交朋友，点点滴滴地开展工作。后来，赵式健通过关系，取得装修股长和工程股长的信任，他们经常在高档的茶楼饮茶，轮流做东。赵式健是低级职员，收入少，只好请求远在美国的岳父汇款支援。通过和这些上层人物的接触，赵式健进一步掌握了敌人内部的情况。广州解放前几天，赵式健每天和沙面、东山、西关水厂的老工人联系，掌握动向。赵式健在解放前夕利用水厂工作的机会，深入水厂职工住宅宣传党的政策，散发解放军入城“约法八章”，动员工人保卫工厂、坚持生产。因此工人们还是照常上班，各人坚守工作岗位，保证正常供水，从而确保了广州市广大市民的饮用自来水没有中断，对稳定人心起了重大作用。

以看病为名绘制医院地图。解放军日益逼近，情报工作显得更加重要。共产党员黄菘华和当时的地下工作者一道，为了搜集情报，打入各重要机关。这些地下党员在打入国民党各重要机关后，迅速地将各单位的情况和地形图秘密传给黄菘华他们汇总，汇总好后，辗转经过多名党内同志，最后送到香港的华南分局。

广州陆军医院以前只对国民党军队开放，戒备森严，普通百姓根本不可能进去。为了了解陆军医院的情况，黄菘华以看病的名义，通过事先打入内部的护士的引荐进入医院。在看病的过程中，他装着好奇，把医院的内部结构全部看了一遍，并记在心中。后来，黄菘华和当时陆军医院里的六位地下党员一起绘制了医院详图，交送到了香港；再后来，凭着这份地图，解放军得以顺利占领陆军医院。

公开的史料显示，当时广州的工厂、企业、文教卫生单位和许多国民党行政部门，几乎都潜伏着共产党人和外围组织成员。这些潜伏人员在很短的时间里就能将各单位的情报秘密传给组织。如黄菘华将部分情报汇总后，交给当时地下党学生线的负责人胡泽群，胡泽群交给方郭良，方郭良再送到香港的华南分局……一张环环相扣的情报网，就这样构成了。[①]

因此，凭借这些共产党地下工作者提供的精准情报，广州这个当时国民党在大陆的最后一个所谓“首都”顺利解放，少了血雨腥风。

毛泽东曾说“解放战争中的情报工作是最成功的”。广州共产党地下工作者正是以他们的传奇经历谱写了广州解放史上一曲别样的壮歌。在广州解放的过程中，广州共产党地下工作者怀着对党和人民事业的高度负责和无限忠诚，即使在特殊环境中面临着生死考验，仍然用非凡勇气和智慧，一次次化险为夷，一次次转危为安，一次次选择默默坚守，为广州的解放铺就了地下通道。[②]他们在看不见的硝烟中，表现出了为革命理想和信念不怕牺牲、甘于奉献的可贵精神，体现了共产党人不畏艰险、勇于担当的使命意识和恪尽职守、迎难而上的优良品质。

追忆历史：红色史迹寻踪

从城市面貌上看，历史文化名城广州现在高楼林立、流光溢彩，充满着现代化气息。然而走在广州城市的大街小巷，不难发现广州同时又是一个充满红色记忆的城市。在中国近代革命史上，广州担当了重要的角色，是一

① 林桂炎：《精准情报让广州顺利解放 “余则成”潜伏广州》，《华西都市报》2009年6月23日。

② 刘森：《新中国梦想与共产党人信仰的力量——解放战争中隐蔽战线斗争的经验与启示》，《社会科学家》2014年第6期。

座有着光荣革命传统的英雄城市，在这座城市中分布着中共中央机关（春园）、第一个中共广州市委、广州苏维埃政府等革命旧址。这些地方曾经是中国共产党进行红色革命活动的所在地。现在，越来越多的缅怀者走进广州的红色革命旧址，瞻仰先烈，倾听红色故事。这些红色革命旧址已成为广州传承红色基因、弘扬红色文化的光荣阵地。

★《新青年》社南迁广州旧址

1915年9月，由陈独秀主编的《青年杂志》创刊，该刊物后于1916年改名为《新青年》，它标志着中国新文化运动的兴起，获得了广大知识分子和群众的热烈欢迎。1921年4月，《新青年》社迁来广州，继续宣传革命理论。

南迁广州之后，《新青年》成为中国共产党中央的理论性机关刊物，直到1926年停刊。《新青年》在广州出版期间，由瞿秋白担任主编。从《新青年》社南迁广州之后的影响力来看，它既宣传了党的路线和策略，把统一战线的方针贯穿到了党的革命工作中，也大力地推介了马克思列宁主义的经典著作和国际工人运动经验，针对当时反动的实用主义思想展开了深刻批评和大力抨击。其“革命内核”思想继续发扬光大，成为中国革命史上最重要的杂志之一。

《新青年》社在广州的驻扎地为中山五路昌兴街26、28号。旧址原为两幢相连的三层砖木结构楼房，为民国时期建筑，每幢建筑面积为48平方米，坐东向西。当时楼下为专门销售进步书刊的丁卜书店，二、三楼为新青年社。现已改建，第一层为商铺，第二层为民宅。从外观上看，《新青年》社南迁广州旧址已不复当年真容，和普通的建筑物并无二致。2002年9月，此处被公布为广州市登记保护文物单位。

中共广东支部成立旧址——小红楼

1921年3月，广州共产党小组正式成立。党员有谭平山、谭植棠、李季等人。当时广州共产党小组的活动地点主要在广州起义路维新横路素波巷一带，早期活动的主要内容包括：一是编辑出版共产党小组的机关刊物；二是举办各种学校、培养骨干，为发展壮大党组织做好准备；三是创办不同行业工会，组织开展工人运动。1921年8月，广州共产党小组成员在素波巷30号（今广州市第十中学内）召开会议，决定在共产党小组的基础上成立中国共产党广东支部，以谭平山为书记，谭植棠负责宣传，隶属中共中央局领导。

中共广东支部成立的地方，实际上也是1922年前广州中共党组织的主要活动地和《青年周刊》的通讯处，广东省立宣讲员养成所、注音字母教导团所在地。当年中共广东支部成立地现在已经成为广州市第十中学内的一幢小楼——小红楼。小红楼是广东党组织诞生过程的见证者，为党的诞生奠定了基础，并在日后中国革命和党的事业中做出了重要贡献，为广东成为大革命策源地做了组织上的准备。

中共广东支部成立后，首先，把发展党员、扩大和健全党的组织作为一项主要工作。之后中共广东支部的党员人数持续上升，党组织的活动范围也从广州扩展到了全省范围。尤其重视在进步的青年学生和工人中发展党员，并把五四新文化运动中的活跃分子吸纳进党组织中来，激发了党组织的战斗力和生命力。其次，中共广东支部成立后，从思想上肃清无政府主义等的干扰，把马克思主义作为立党的思想根本，始终使马克思主义在党内占据主导地位。最后，中共广东支部积极组建工会组织，开创了共产党人领导工人运动的先河。包括汽车驾驶工人总会、革履、理发、茶居、机织、洋务等在内的工会组织纷纷成立，成为中共广东支部开展工人运动可以依赖的组织力量。1921年8月，中共广东支部成立了中国劳动组合书记部南方分部，其在保持和发动工会组织的革命性和战斗力方面起到了举足轻重的作用。

★ 团一大遗址

广州市越秀南汽车站对面，坐落着一栋红白相间的两层洋楼，大门旁边位置镶嵌着一块长方形石碑，上面刻着两个大字：东园。东园曾为广东水师提督的私家园林，是中国共产主义青年团的策源地。1922年5月5日至10日，中国社会主义青年团第一次全国代表大会在广州东园隆重召开，会议由张太雷负责主持，陈独秀及少共国际代表达林作讲话。团一大原定在上海举行，后改为在广州举行，出于以下几个方面的原因：一是广州有着独特的政治环境和良好的群众基础；二是广州具有良好的经济环境和资金支持；三是共产党和共产国际对广东青年运动非常重视，为团一大在广州的召开提供了政治保证。在这次会议上，全国各地的青年运动领袖指点江山、激扬文字，建立起了中国第一个全国性青年革命组织，点燃了一代青年的革命梦想。

★ 中共广东区委旧址

广州市越秀区文明路194—200号是一座四幢相连的三层骑楼建筑，该建筑的一层大门悬挂着“中共广东区委旧址纪念馆”的牌匾。这里是中共广东区执行委员会曾经的所在地，是中国共产党大革命时期一段峥嵘岁月的见证者，目前已被列为广东省文物保护单位。1922年间，中共中央决定成立广东支部，后扩大为广东区执行委员会，领导广东、广西两省（又称“两广区委”或“粤区委”）。更值得一提的是，1925年春，中共历史上首个地方纪律监察机构——广东区委监察委员会在此诞生，为中国共产党的纪律监察制度奠定了基石。

为适应广东革命运动大发展的需要，1924年10月，中共中央决定将中共广州地方执行委员会改组为中共广东区执行委员会（又称“两广区委”），由周恩来任委员长，1925年初改由陈延年接任，改称书记。1925年初广东区委办公地址搬迁至国民党一大会址斜对面的这栋三层骑楼建筑中。据有关文献记载，由于当时的中共机关没有公开，处于隐蔽工作的状态，彼时广东区委一楼从左至右分别以住宅、药店、小食店和鞋店等作为掩护，并使用“管东渠”（“广东区”的谐音）的化名向警察局登记租用，尔后“管东渠”成为广东区委的代号。中共广东党组织随着工农运动的发展不断壮大，广东区委成为这一时期全党人数最多、最为健全的组织，也培养和造就了许多著名的革命家。

在中共广东区委的发展历程中，最为引人注目的是1925年年初设立了中国共产党首个地方监察委员会，专门负责党内监督和组织建设，开辟了中共纪检工作的先河。而监委会初次发挥党内监督作用正好在1925年省港大罢工这一事件中。省港大罢工由中共广东区委和全国总工会直接领导，涉及经费款项高达490万元，为了防止可能出现的贪污、舞弊和失职行为，成立了审计局、财务委员会、工人纠察队，还创立了机关刊物《工人之路》进行舆论监督，揭发贪污舞弊等行为。监委会采取的监督措施行之有效，为罢工的顺利进行提供了有力保证。

★ 中共中央机关旧址——春园

中共中央机关旧址——春园，“东山五大名园”之一，位于广州市新河浦路24号，是一式三幢并列的三层砖混结构的西式建筑，每幢建筑高度为13.5米，每幢占地面积为187平方米。春园坐北朝南，前临河涌，东侧为恤孤院路。从建筑外观看，这所三层公寓式建筑古朴优雅，独特的西式建筑风格总能吸引住行人的目光。回顾历史，春园曾是中共中央机关从上海迁至广州后的办公地点，为中共三大部分代表居住和举行重要会议的场所，在这里铭刻着那段风云激荡的岁月。1993年8月，春园旧址被列为广州市文物保护单位，后被公布为广东省文物保护单位，2006年进行了复原修缮。

1923年4月，中国共产党中央机关从上海迁至广州，机关办公处设在春园，春园也成为中国共产党第三次全国代表大会的筹备地点。中共中央

中共中央机关旧址——春园

领导人陈独秀、李大钊和毛泽东等在此居住或办公。春园成为党中央机关人员的活动场所，事实上扮演着中央机关枢纽和“大脑”的重要角色，是当时中国共产党领导全国革命的中心所在。据有关记载，在中共三大预备会议和中共第三届中央委员会第一次会议阶段，中共中央领导人在此共同探讨各项政策和开展各项事务工作。春园便成了一个充分发扬党内民主的场所。

中共三大在中国共产党历史上具有重大意义，春园作为当时的中共中央机关曾经承载着重大的历史使命，也是广东共产党、青年团组织在广州进行国共合作“试验”的开启之地。中共三大之后，许多党员、团员都按照中共三大的决定，主动、踊跃加入了国民党，并以主人翁的精神到国民党中工作。可以说，广州在国共合作实施的进程中先行一步，而春园则成为第一次国共合作浪潮兴起、奠定国共合作基础以及开拓革命历史新时期的见证。

中共石井兵工厂支部旧址

中共石井兵工厂支部旧址位于广州市白云区西北部石井街，前身为广州机器局，是洋务运动的产物，为清代末期两广总督张之洞于光绪十三年（1887年）所创办。其时，广东已有一家由清政府与英商合办的黄埔船坞，而石井兵工厂则算是广东最老的一家纯华资的官办工厂。石井兵工厂从创办到结束，经历了时局极其动荡的58年。石井兵工厂的生产和管理均“倚借外洋”，生产设备购自德国，生产管理把持在德国工程师手里，生产的原材料绝大多数依赖进口。虽然后期石井兵工厂发展成为当时南方一家颇具规模的军火工厂，但从其实际来说，这就是一家枪弹装配厂。石井兵工厂在大革命时期共计有2000多名工人，是名副其实的大工厂。工人们大多数来自附近的农村，包括张村、槎头、大岗、潭村、马岗、亭岗等地。

1923年，受中共广东党组织的委派，罗绮园、彭粤生、梁啸海、沈厚堃等到石井兵工厂开展工作。他们开办了青年工人艺徒补习学校和工人夜校，在兵工厂工人中宣传共产主义入门和社会主义发展史，对工人革命思想进行启蒙。1923年年底，中共党员杨殷进入兵工厂，秘密进行党建工作。一是利用兵工厂原有的团体“研艺小隐”，吸收其中的先进分子，发展成党领导下的工人秘密组织十人团。二是发展了一批团员，与一些具备先进思想的工人一起，于1924年加入了中国共产党。三是将“研艺小隐”发展扩大为机工剧社，更多的工人被这一组织吸纳进来，党在机工剧社的基础上成立了工人俱乐部。1924年入党的这一批党员为白云区最早的一批党员，在此基础上成立了兵工厂党支部，由中共广东区委直接领导，负责人为罗绮园，后由谭天度、周文雍接任书记。而工人俱乐部在党的领导下，对剥削压迫工人的厂长马俊超发起了“倒马”行动。1924年秋工人的罢工和“倒马”行动取得了胜利。1925年，在党组织的领导下，工人们再次掀起罢工潮，要求增加工资、改善生活待遇。尽管有工厂管理方的百般破坏，但经过40多天的斗争，工厂答应了工人提出的各项条件，罢工再次取得了胜利。1925年由于刘震寰、杨希闵军叛乱，石井兵工厂遭到焚毁。直至当年6月，革命军平定叛乱，兵工厂重建后更名为广东兵器制造厂。1938年10月，广州沦陷后，石井兵工厂一度成为日军驻扎的兵营。解放战争时期石井兵工厂成为国民党军队的修械所。新中国成立后石井兵工厂的旧址被建成颇具规模的海军鱼雷仓库。1977年，上级党委在海军鱼雷仓库旧址的基础上创建了海军第二水雷舰艇学院。现在石井兵工厂的旧址已成为中国人民解放军广州海军舰艇学院所在地。

★ 中共黄埔军校直属党支部旧址——黄埔军校

中共黄埔军校直属党支部旧址——黄埔军校位于广州长洲岛，是大革命时期孙中山在中国共产党和苏联的帮助下建立的一所新型军事学校。1924年中国国民党陆军军官学校建立，简称“黄埔军校”。该校是中国现代史上第一所培养革命军队干部的军事学校，也是一所著名的军事学校。当年孙中山以“创造革命军，挽救中国的危亡”为办校宗旨，以“亲爱精诚”为校训，学习苏联的建军经验，创办了这所蜚声中外、名将辈出的军事学校。许多在抗日战争中闻名的指挥官均出自黄埔军校，尤其是在第一次国共合作时期的黄埔军校一至六期，培养和造就了大批优秀将领。黄埔军校可以说是声名显赫的军事家摇篮，不仅为国民党军培养了优秀的军事指挥人才，而且在共产党领导的军队中，也有大批出身黄埔军校的将领。

广州解放后，广州市政府和驻军修复了军校部分建筑。1962年黄埔军校被列为广东省文物保护单位，1988年1月被公布为全国重点文物保护单位。1996年广州市政府按“原位、原尺度、原面貌”原则重建校本部，使军校旧址恢复昔日风采。2000年长洲岛黄埔军校旧址被评为广东省首批爱国主义教育基地。黄埔军校在历史上的成就绝不逊色于美国的西点军校、英国的桑赫斯特军校等。黄埔军校现存历史遗迹20余处，而其史迹丰富、山水相融、风姿犹在，既是广州的重要城市名片之一，可作为游览的好去处，也是进行爱国主义教育的好地方。1984年6月，依托黄埔军校旧址成立纪念馆，该纪念馆目前是全国爱国主义教育示范基地、国家国防教育示范基地、中国侨联爱国主义教育基地，广东省、市爱国主义教育基地，岭南文化十大名片等。

中华全国总工会旧址——惠州会馆

1925年5月，中国共产党领导下的第二次全国劳动大会在广州召开，大会通过了政治斗争、经济斗争、工农联合等30多个决议案。作为中国工人阶级全国统一的工会领导机关——中华全国总工会在会上成立，中国工人自此拥有全国统一的组织。中华全国总工会的成立，是中国工人阶级在中国共产党领导下经过艰苦卓绝的斗争所取得的重大成果，标志着全国工会组织在新的基础上实现了团结和统一。全总下设秘书处、总务处、组织部、宣传部、宣传教育委员会、监察委员会等机构，林伟民任第一届委员长，由刘少奇主持日常工作。中华全国总工会成立5个月后，即迁入广州市越秀南路89号的院子——惠州会馆办公。

该建筑建于清末民初，由当时的惠州富商所建，故称惠州会馆，历史上这里曾是援闽粤军司令部所在地。惠州会馆占地700平方米，是砖木结构的两层楼房。一楼是当年广州工人代表大会的会址。1924年9月，周恩来回国后，曾经在这里为广州工团军做报告。二楼就是全总当年的会址。当年，刘少奇在秘书处办公，于惠州会馆写成了著名的《工会组织法》。在惠州会馆的前院内有两座纪念碑，是1926年5月第三次全国劳动大会和广东省第二次全省农民代表大会建立的，北面是廖仲恺先生纪念碑，南面是纪念大革命时期工农运动中牺牲烈士的“工农运动死难烈士纪念碑”。在这里全总大力发展工会组织，创办工人学校，培训工人干部，并组织工人支援统一广东革命根据地的战争和北伐战争，领导了反对帝国主义的上海五卅运动和省港大罢工，为推动全国工人运动第二次高潮的到来起到了至关重要的作用，并成为团结全国职工与工会组织的一面旗帜。

国民革命军攻占武汉后，为适应新的革命形势，1927年2月，全总北迁汉口，将惠州会馆改为中华全国总工会广州办事处。1927年四一二事变，国共决裂，后被封闭。中华人民共和国成立后，政府多次拨款对中华全国总工会旧址进行修缮，并辟为纪念馆，于中华人民共和国成立10周年即1959年10月对外开放。1962年7月惠州会馆被公布为广东省文物保护单位。“文化大革命”期间会馆旧址遭到严重破坏。1984年，政府再次拨款对旧址进行全面修缮，并于全总成立六十周年纪念日——1985年5月1日重新面向社会公众开放。1988年1月惠州会馆作为中华全国总工会旧址被正式列为全国重点文物保护单位。

★ 中共广东区委军委旧址

中共广东区委军委旧址位于广州市万福路190号二楼。当时这栋楼房是地产商嘉南堂的产业，楼下是西华银行，二楼由当时的中共广东区委军委租赁。第一次国共合作时期，中共在广州地区开始组建军事武装，尤其是在黄埔军校大力发展党的力量。在当时中共全国五大区委中唯独广州设立了军委机构，这也是中共建立的第一个军事工作机构。1926年5月至1927年4月，这里曾作为中国共产党广东区委军委办公，以及周恩来、邓颖超居住的地方。周恩来曾在此处领导黄埔军校及国民革命军的共产党特别支部，对领导武装斗争、促进革命运动发展起了积极的作用。1926年秋天，周恩来参加北伐后，广东军委交由黄锦辉负责。直至1927年四一五反革命政变前夕，中共第一个军事指挥中心才转入地下继续活动，直至大革命失败。

★ 第一个中共广州市委旧址

现广州市广大路广大二巷4号四楼是第一个中共广州市委旧址。在大革命时期，它不仅是中共广州市委机关所在地，也是最早在中共广州市委成立前中共广东区委书记陈延年及组织部长穆青、宣传部部长任卓宣、秘书长赖玉润的秘密居所，还是1927年张太雷策划广州起义的地点之一。80多年前，在这座极为隐蔽的小楼里召开了中共广州市委第一次会议和广州起义策划会议。这里记载着大革命时期的风云变幻，也记录了中国共产党早期奋斗抗争的足迹。

1927年4月12日，蒋介石在上海发动反革命政变。4月15日，广东的国民党右派亦进行“清党”。作为革命策源地的广州，也很快沦陷成为反革命的巢穴，处于一片白色恐怖之中。面对严峻的形势，中共广东区委在广州召开紧急会议，决定把广东区委迁往香港，同时成立中共广州市委继续开展革命工作。4月22日，中共广州市委第一次会议正式召开，宣布中共广州市委成立。这次会议确定了未来广州开展革命斗争的方向：一是重新整顿市区各党支部、各工会组织工作和斗争活动；二是重新整顿和发展斗争队伍。会议决定将广大路广大二巷4号四楼作为市委机关的所在地。中共广州市委创立伊始，面对敌人疯狂的搜捕和屠杀，积极开展工作，包括：深入基层开展细致的思想工作，领导和推动各工会和官派的“改组委员”进行斗争，以维护工人阶级的权益；秘密发动工人组成“自救团”“义勇团”“剑仔队”“工人利益维持队”等工人武装，开展革命斗争。1927年8月7日，中共中央在武汉召开紧急会议，确定了武装反对国民党反动派屠杀政策和实行土地革命的总方针。遵照中共中央的指示，1927年11月25日，张太雷和黄平、吴毅等三人在市委机关（旧址）处召开会议，分析形势和部署起义工作。这便是震惊世界的广州起义。12月13日，广州起义失败，市委全体人员撤离广州。广大二巷4号作为第一个广州市委机关所在地，至此宣告完成了它的历史使命。

第一个中共广州市委旧址是广州作为近现代革命策源地的历史见证，也是大革命失败白色恐怖笼罩之下的革命再出发圣地。一批又一批共产党员在广州接续奋斗，大革命高潮时期广东的9000多名共产党员大部分在广州从事革命活动，直至广州起义失败，广州的党组织受到严重破坏，党的组织活动一度被中断。广大路广大二巷4号四楼见证了广州党组织的一段重要历史。

★ 广州苏维埃政府旧址

在广州起义路200号，有三栋黄白相间的西式楼房格外引人注目。它们是混合结构的两层建筑，呈凹字形，面积约为910平方米，坐东向西，骑楼式大门，四面有2米多高的围墙。正中是苏维埃政府办公楼，楼下为起义总指挥张太雷的办公室、苏维埃政府会议室以及临时救护处。苏维埃政府办公楼北面的两层楼房为当年的工农红军指挥部。这里最早是宣统元年（1909年）清政府设立的警务公所，民国时期改为广东警察厅、省会公安局、广州市公安局。这也是90多年前广州起义取得军事上的阶段性胜利，广州苏维埃政府——中国第一个城市苏维埃政权宣告成立之处。90多年后，这里建成了广州起义纪念馆，纪念馆里一份份发黄的讲义、传单和宣言，一张张记录当年血与火、英雄与悲壮的黑白照片，都在诉说着那段催人奋发、风云激荡的历史。

广州起义和南昌起义、秋收起义一道，作为中国共产党领导的早期三大武装起义，都成为中国共产党独立领导革命战争、建立人民军队的标志性开

广州苏维埃政府旧址

端，中国革命由此开启了新纪元。而广州苏维埃政府存在的时间虽然很短，但它的宣告成立，也伴随着《广州苏维埃宣言》《广州苏维埃职员名单》等一系列重要文件的颁发，并在军事上第一次公开提出组建工农红军的计划。

广州苏维埃政权的建立，在中国革命史上有着重要的地位和作用，它是中国共产党高举民主革命旗帜、探索中国革命道路的一次伟大尝试。虽然最终遭遇失败，但它让中国共产党人坚定了革命信心和斗志，并逐步探索出“农村包围城市，武装夺取政权”的革命新思路，为取得革命斗争的全面彻底胜利起到了奠基性的作用。大革命时期，中国共产党领导的政权组织形式开始由农民协会等向工农兵代表苏维埃转变，其中影响最大的便是广州苏维埃政府。虽然只存在了三天，广州苏维埃政府的成立却有着特殊的意义。它是中国共产党领导下第一个城市苏维埃政权，被后人誉为“广州公社”“东方巴黎公社”。它也是马克思主义政权学说实现民族化的产物。

★ 中共正果竹林支部旧址——竹林村四角楼

广州增城区正果镇正果洋村竹林自然村是一个具有光荣革命历史的红色村庄。抗日战争时期曾在此成立了中共正果竹林支部，作为抗战初期增城区最早建立的三个支部之一。这里也是增城重建中共党组织的第一个县委机关所在地，它见证了无数革命先烈浴血奋战的辉煌历程。

1938年3月，广州党组织派遣王新民回到家乡正果开展工作，主要任务是开展抗日宣传活动，并创造条件建立党组织，一旦广州沦陷，就要创造条件在增城建立抗日游击根据地。王新民回到家乡正果后，着手发动青年开展抗日宣传活动，并于该年8月就任东山小学校长，把东山小学建立成开辟工作的桥头堡，开展建党工作。1938年10月，王新民等人在正果竹林村发展王世模、王新史等人加入了中国共产党，并于竹林村四角楼王新民的家中建立了中共竹林支部，由地下党员何添荣任支部书记。支部总计有党员八人，隶属东莞中心县委领导。

1938年8月，日军入侵武汉，武汉会战在武汉三镇激烈打响。当年5月开始，日军派飞机多次轰炸广州及周边地区。为配合武汉会战，日本侵略军于1938年10月发动对广州的进攻，意图封锁中国的海上交通线。作为广州东大门的增城，是日军进入广州的前线战场。10月19日起，日军开始集中兵力进击增城县城。20日凌晨日军主力首先在正果白面石村附近发起进攻。中国官兵与敌军由枪战转入肉搏战，并取得击退日军的胜利。据战后统计，此次阻击战，日军死伤164人，阵前遗尸40具；守军二营官兵伤亡200余名。可以说，在正果阻击战中，日军入侵广州的计划受到沉重打击。为了应对形势的变化，王新民以竹林支部党员为核心，建立了增城青年战地服务团。正果一役中，以地下党员为核心的增城青年战地服务团立即奔赴前线。一方面，帮助群众疏散，尽量减少不必要的损失；另一方面，袭击日军在夜行中的落伍者，缴其枪支弹药以壮大自身力量，为正果阻击战取得胜利立下了汗马功劳。

日军撤离正果后，增城青年战地服务团继续组织宣传队，深入农村宣传抗日，将油印出版的《增城青年战地报》分发各地，动员民众团结起来抗日。1939年4月，增城青年战地服务团又在正果等地设立了分团，并于同月成立中共增城特别支部，宣传和组织抗日活动。1941年秋，国民党掀起第二次反共高潮，导致增城的政治形势日趋紧张。为了保存革命力量，竹林支部停止了活动。竹林村四角楼在后来的风云岁月里没有遭受破坏，保存至今。

★ 中共广东省临时委员会广州机关旧址

广州市荔湾区文昌北路耀华东街49号二楼是上个世纪40年代初中共广东省临时委员会所在地。该处房屋为两层楼房，坐南朝北，自建成以来一直作为民居使用。现在该楼二楼的窗户下面有一块小小的牌子，写着“中共广东省委临时委员会，1943年为中共广东省临委委员梁广从事地下工作的秘密地方”，简短地说明了这个地方承载的革命历史。如果不去挖掘历史，很难相信就在这样一个不起眼的小街小巷里的小楼，曾在广州沦陷期间为党组织的活动起到了掩护作用，是当时为数不多的光明阵地之一。

1942年5月，中共南方工作委员会和粤北省委遭到国民党特务的破坏。1943年1月，中共广东省临时委员会成立，尹林平、梁广、连贯为委员，尹林平为书记，梁广负责城市工作，连贯负责联系国民党统治区内的党组织和统战工作。1943年冬天梁广从香港回到广州，在广州市原文昌北路耀华东39号（后改为耀华东街49号）二楼居住，在此建立中共广东省临时委员会秘密活动机关，并将敌后城市工作的重心转移到广州。为了更好地开展工作，梁广公开身份是华昌京果药材行的合伙人之一，而实际上，这间药材行正是地下党的领导机关所在地。

当时梁广所进行的是地下工作，非常秘密。对中共广东省临时委员会旧址的详细记载很少，但我们不应当遗忘那段历史。在城市开展地下革命斗争异常艰险，但是，中共地下党坚决贯彻“隐蔽精干，长期埋伏，积蓄力量，以待时机”的方针，开展了卓有成效的工作。地下党员们在对敌秘密斗争中始终保持着昂扬的革命精神，他们不怕牺牲、对党忠诚不贰的英勇事迹值得代代传诵。

★ 中共中央华南分局秘密联络点旧址——中原行

广州市越秀区沿江西路153号为解放战争时期中共中央华南分局秘密联络点旧址。这座四层洋楼作为广州仅存的中共中央华南分局时期的历史见证建筑，也是当时地下广州市委所在地。中国共产党地下党以名为“中原运输商行”的船务公司为掩护，在广州解放前最惊心动魄的时刻，从这里送出大量情报，最终迎来广州的胜利解放。

中原行与一个名为温盛湘的人有着密切的关系。温盛湘为中共地下情报人员，是中原行的老板，出生于1919年，广东梅县人。他13岁从家乡来到广州中大附中读书，走上革命之路是因为深受哥哥温盛刚的影响。温盛刚曾留学日本，当年是进步组织中国文化总同盟广州分盟的六位骨干成员之一。1934年，温盛刚被反动派残忍杀害，血的教训让温盛湘意识到革命的残酷，也使他日后从事地下工作更加谨慎，成功隐蔽潜伏到新中国成立后。在解放前的几年内，中原行一方面从事航运运输事业，把生意做得很大，最多时拥有20多条船；另一方面承担着为解放区掩护运送紧缺物资的任务。中原行当时的老板温盛湘注册了一艘轮船“福绥轮”，主要从山东出发运载物产到香港，秘密换取电台零件等战略物资和抗生素等被当局封锁的紧缺医药用品。他每月跑香港一趟，与当时的中共中央香港工委财经委书记许涤新交换情报并接受任务。在解放前夕，共产党人和外围组织成员已经广泛分布在广州城里的工厂、企业和文教卫生单位、国民党机关中，并织起了一张严密的情报网，把在香港的华南分局与广州紧密联系起来。

临近解放，温盛湘收到了最新指示：为迎接大军解放广州做准备，着重收集掌握国民党上层人物的动态，以及广州粮食、燃料、石油等方面的资料。根据中共情报网搜集到的信息，当时国民党的要员召开了紧急会议，准备离开广州，撤到海南岛和台湾去。并制定了“总撤退、总罢工、总破坏”的计划，准备炸毁自来水厂、电力厂、飞机场和海珠桥等重要设施，计划在广州市实施搜捕大屠杀。温盛湘得知这份绝密情报后，立即赶赴香港，把消息报给了中共中央华南分局。通过不同的方法，温盛湘还掌握了解放前夕广州粮食、煤炭等重要物资的情况，以及广州市内国民党高级官员的信息，为我军顺利接管广州提供了可靠情报，最终迎来了广州胜利解放。1949年10月15日即广州解放的第二天，在这一天温盛湘联系上了地下党组织的领导，中共地下广州市委便搬进了中原行，这里成为市委的临时办公地点。同时，在中原行升起了五星红旗，故该地也被称为“广州第一面五星红旗升起的地方”。

第一次全国劳动大会旧址

第一次全国劳动大会旧址位于广州市海珠区滨江西路230号，整个旧址由南北两栋建筑组成，北面的西式混凝土建筑是当年广东机器工会会址。1922年5月1日至6日，中国共产党以中国劳动组合书记部的名义在广州市内的广东机器工会礼堂召开了第一次全国劳动大会。到会代表总共有173人，代表全国12个大城市的110个工会、34万有组织的工人，广州和香港的代表占了80%。

2007年，第一次全国劳动大会旧址已参照相关资料进行了保护性修缮，广州市总工会在此建立了工运史展览馆，力图全面展示广州的工人运动历史。旧址已被确立为广州市重点文物保护单位、爱国主义教育基地。2011年，广州市总工会斥巨资对旧址重新进行原状维护和修葺，对旧址上的老建筑进行传承和活化。一方面，保留了旧址原有的原木旋转楼梯、窄窄长廊、老旧方格地砖、西式壁炉等民国建筑元素。另一方面，新添了“城市之光及工运之路——1840—1927年广州工人运动纪实”等主题展览。并在此开办了广州劳工大学堂，面向当代工人开设劳动保护政策和法规、生活技能和文明礼仪等方面的课程，并提供生理、心理健康的辅导。未来要把旧址打造成广州市各行业工会联合会的大本营，该处将成为广州市职工和工会活动的主要阵地。

广州在中国工人运动史上具有重要的影响和地位。第一次全国劳动大会旧址的修复，重现了当年工会组织融合的历程，以及为中华全国总工会成立所做出的思想上和组织上的准备。旧址为广州开展红色革命传统教育提供了重要的基地和教材，对于年轻一辈铭记光荣历史、缅怀革命先烈具有重要的意义。

★ 中共三大会址

1923年6月12日至20日，中国共产党第三次全国代表大会在广州东山恤孤院31号（现越秀区恤孤院路3号）召开，对中国革命产生了巨大的影响。这是迄今中国共产党唯一在广州召开的、具有重大历史意义的全国代表大会，是广州这座英雄城市辉煌的红色篇章。

1979年，中共三大会址被列为广东省重点文物保护单位。2006年7月1日正式修复开放。2020年在中国共产党第99个生日之际，中共三大会址纪念馆改扩建项目开工，该项目主要是改扩建现有陈列馆，并对“中国共产党第三次全国代表大会历史陈列”进行改陈布展，全面展现中共三大的重要历史贡献。新馆于2021年7月1日正式开放。

★ 国民党一大旧址

国民党一大旧址位于广州市文明路6号（现为215号），原为广东高等师范学堂钟楼底层的礼堂，总面积达300多平方米。钟楼广场毗邻中国共产党广东区委、中华全国总工会、省港罢工委员会、广东妇女解放协会和农民运动讲习所旧址。国民党一大召开后，孙中山几乎每周在这里讲解三民主义，此处也成为国共两党领导人经常出席的群众集会的中心场所，彼时被视为“革命的大本营”。

20世纪80年代、90年代以及2009年，国民党一大旧址进行了三次大规模的修缮和保护。在旧址上推出了“中国国民党第一次全国代表大会史料陈列”专题陈列展览。1986年国民党一大旧址被国务院公布为全国重点文物保护单位。2017年12月2日入选“第二批中国20世纪建筑遗产”。

毛泽东同志主办第六届农民运动讲习所旧址

毛泽东同志主办第六届农民运动讲习所旧址位于广州市中山四路42号，占地面积为8000多平方米，原为番禺学宫，始建于明洪武三年（1370年），为一组红墙黄瓦、砖木结构的古建筑群。现门额上悬挂周恩来手书的“毛泽东同志主办第六届农民运动讲习所旧址”横匾，董必武同志曾亲笔题诗：“革命声威动地惊，工农须得结同盟。广州讲习垂洪范，更向华中建赤旌。” 1961年3月4日，该旧址被公布为第一批全国重点文物保护单位，也是红色旅游经典景区和爱国主义教育基地。旧址现存有文物1152件，一级品有64件。

广州农民运动讲习所是国共合作的产物，以毛泽东为代表的共产党人在此研究农民问题、培养农运干部、领导农民运动，极大地推动了中国革命的进程。

珠江颐养园

20世纪20年代，广州有一间有名的珠江颐养园留医院，相当于现在的疗养院，曾是国民党上层人士的政治避风港，也是中共地下党员的秘密联络点。珠江颐养园坐落在二沙岛上，二沙岛南临珠江，东北面只有一条宽约60米的小河和东堤、东山相隔。颐养园是二沙岛上环境最好的一角，园内广植各种花草树木。抗战时期广州沦陷后，颐养园成为共产党地下活动的主要据点之一。在抗战期间，共产党地下党组织曾利用颐养园举办训练班，吸收先进分子入党，培养出大批抗日青年和共产党员，其中一部分为在广州开展抗日斗争发挥了积极的作用，有的则被输送到游击区成为抗日的骨干力量。新中国成立后，为备战1956年墨尔本夏季奥运会，考虑到广州气候与墨尔本十分相似，颐养园被改建为二沙体育训练中心。数十年过去后，当年颐养园内的10余栋洋房依然留存，不过已作为训练基地办公楼、招待所之用。颐养园承载了挽救民族危亡的那段历史，播撒和点燃了革命和抗日革命火种，为夺取抗日战争的胜利做出了积极的贡献。

★ 沙基惨案发生地及纪念碑

在广州市荔湾区沿江西路人民桥东侧的江畔小广场上，坐西朝东矗立着一座花岗岩石碑，外形呈上小下大的方锥形，碑上赫然镌刻着“毋忘此日”四个大字，上款为“中华民国十四年六月二十三日”，下款为“中华民国十五年六月二十三日广州市政府立”。此即为纪念沙基惨案而立的纪念碑。为使后来者牢记六二三沙基惨案中的牺牲者，1926年广东革命政府在人民桥东侧、珠江河畔，竖立了刻有“毋忘此日”的石碑。1950年纪念碑被移至沙面东桥，改为“沙基惨案烈士纪念碑”，后几经拆毁重立，2001年10月18日落成新碑。2014年沙基惨案烈士纪念碑被列为广州市爱国主义教育基地。

★ 省港罢工委员会旧址

广州市东堤抱翠路与东园路交界处，原是广东水师提督李准的花园别墅，名为东园，总面积为2.5万平方米。1925年7月省港大罢工爆发后，在此处建立了大罢工的领导机构——省港罢工委员会（全称“中华全国总工会省港罢工委员会”），罢工领导人苏兆征等在此办公。东园作为省港大罢工的总部，一度被称为“东园政府”“工人政府”“左派大本营”所在地。时任罢工委员会顾问邓中夏曾说，“东园政府”好像巴黎公社和俄国的苏维埃政府一样。1926年，遭到帝国主义收买的反动分子纵火焚毁，一座名园竟成为一片废墟。当时历劫犹存的仅有一座门楼和红楼前的一棵大树。1962年7月此处被广东省人民政府公布为文物保护单位。1984年广东省人民政府拨款在原地按照原貌重建“红楼”，建立了省港罢工委员会旧址纪念馆，并在一楼设有省港大罢工史迹展览室供市民参观，乃成今日所见之面貌。

广州起义烈士陵园

广州起义烈士陵园位于广州市越秀区中山二路92号，占地18万平方米，修建于1954年，是为了纪念1927年12月11日中国共产党领导的广州起义牺牲的烈士而修建的纪念性公园。1962年7月，广州起义烈士陵园被广东省人大常委会确定为省级重点文物保护单位；1986年10月，经国务院批准为全国重点烈士纪念建筑物保护单位；1996年被列为全国爱国主义教育基地；1997年被列为全国中小学生爱国主义教育示范基地。公园入口处由周恩来总理题写的“广州起义烈士陵园”苍劲有力、气魄雄伟。特别值得一提的是，在广州起义烈士陵园中的人工湖上有一座湖心纪念亭——血祭轩辕亭。该亭于1957年建成，横匾上书写了董必武所题的“血祭轩辕”四个大字。血祭轩辕亭所在处正是周文雍、陈铁军两位烈士当年英勇就义的地方。它纪念了这对革命夫妻“我以我血荐轩辕”的铮铮铁骨和无悔青

广州起义烈士陵园

春。广州起义烈士陵园作为地标性的红色文化纪念公园，具有极为丰富的当代价值，它反映着广州起义那段血与火的历史。

★ 红四师成立遗址

1927年12月11日，由中国共产党广东省委领导的广州起义，经过三天的激烈战斗后失败。广州起义失利后，部分起义主力部队（约1200人）撤往广州北部的花县，分别住在当时的花县第一高等小学、花峰书院等处。12月16日，部队在花县第一高等小学操场进行整编，成立了中国工农红军第四师(简称“红四师”)。红四师成立遗址即为当时的花县第一高等小学，之后曾经改为师范学校，后来四十年代被日军轰炸摧毁，新中国成立后村民在此处搬迁建房。红四师的成立在我军创建初期的历史上有着重要的意义，它深刻地印证了“星星之火，可以燎原”的革命道理，见证了我军初创时期红军战士们的英雄气概和不怕牺牲的决心，以及高尚的革命信仰。

★ 植地庄抗日战斗烈士纪念碑

广州市番禺区南村镇里仁洞植地庄外的挞沙岗上，于1956年10月13日立起了“植地庄抗日战斗烈士纪念碑”。立碑是为了纪念1944年7月26日番禺人民武装抗击日军在植地庄战斗中光荣牺牲的卫国尧等48位烈士，弘扬他们英勇抗日的爱国主义精神。此处是番禺区的爱国主义教育基地之一。纪念碑后于1992年12月重立，坐东向西，占地面积为1300平方米。1993年8月，植地庄抗日战斗烈士墓并入植地庄抗日战役纪念碑，被正式列为广州市文物保护单位。

1938年10月21日广州被日军侵占，广州沦陷。中共广东省委迅速在全省各地建立人民抗日武装，开辟抗日根据地，独立自主开展抗日游击战争。在抗日战争时期，植地庄是中国共产党领导的广州市区游击第二支队的重要活动地区之一。植地庄战斗发生于1944年7月25日。战斗中广州市区游击第二支队禺南大队全体指战员英勇抗击日军，游击队大队长卫国尧、指导员黄平等48人牺牲，梁铁等22人负伤，毙伤敌军70余人，掩护了主力部队转移，保卫了群众生命财产安全。现在，昔日战场——番禺南村镇里仁洞植地庄外的挞沙岗，建造起了一个松柏簇拥着的陵园，陵园中间矗立着一座巨大的纪念碑。在它的后面是一个烈士墓，那里长眠着48名烈士。陵园中的浮雕再现了70多年前的战斗场景。瞻仰植地庄抗日战斗烈士纪念碑，是一个“让历史说话，用史迹发言”的红色爱国主义教育过程。

★ 东江纵队从化大队活动基地

自广州市区往北，在从化流溪河的源头静静坐落着一条古村落——从化区吕田镇莲麻村。在从化区吕田镇下辖的21个村中，共计有17个村民组留下了当年东江纵队活动的红色遗址，其中莲麻村黄沙坑是其中一个优秀代表。这里四面环山，小河潺潺，典型的青山绿水，绕村而建的客家围屋鳞次栉比。这里曾是东江纵队从化大队的主要活动区域，同时又是从化县第一任县委书记被任命的地方。2018年，广东省旅游局重点打造了“南粤星火路”“中央红色交通线”等10条红色旅游精品线路，开发了一批成熟的红色旅游产品。其中，黄沙坑村即是“东纵抗战路”红色旅游线路的特色组成部分。

1942年始，中国共产党在黄沙坑建立抗日和解放战争革命活动基地，发展共产党员。据历史资料记载，黄沙坑从1945—1949年先后有11人（其中女性4人）参加革命队伍，其中5人先后分别担任连、排干部，在此留下了坚持对敌斗争、不怕牺牲的英勇事迹。现在的黄沙坑是红色史迹建设的重要基地，吸引了无数群众到此参观学习，在追溯红色历史、开发红色资源和传承红色基因方面发挥越来越重要的作用。

★ 广州解放纪念雕像

广州市越秀区海珠广场上，矗立着一座雕像——广州解放纪念像，雕像以一尊肩扛小米袋、一手握步枪一手捧鲜花的解放军军人为主体，十分引人注目。1949年10月14日下午6时30分，广州宣告胜利解放。1959年，时任广州市市长朱光提出要建立广州解放纪念像来纪念广州解放十周年。次年10月举行了广州解放纪念像奠基仪式，当年指挥战斗的叶剑英元帅出席并发表讲话，还将讲话稿安放于奠基石下。两个月后，由雕塑家尹积昌设计的广州解放纪念像在海珠广场中央落成，后来还被评为羊城新八景之一。但遗憾的是，十年动乱期间，这尊雕像被拆除，现在人们只能从一些老照片和复制品中看到它的风采。十年动乱结束后，广州市政府专门成立领导小组拟对雕像进行重建，最终选中由雕塑家潘鹤与梁明成两人共同设计的方案。1978年11月16日雕像正式建成。在广州解放纪念像的底座上镌刻着“羊城巨玺”字样，雕像四周地面分别刻有篆字印章“一切权力属于人民”，由叶剑英元帅亲笔题写。在纪念像前的草地上，还有一块广州解放纪念像碑志，记录了纪念像初建和重建的曲折历史。

★ 解放军进城检阅台旧址

在广州市传统中轴线上的人民公园，由南往北走到尽头，便是位于府前路的广州市人民政府大院。坐落于广州市人民政府大门前的月台，即为1949年11月11日中国人民解放军进城检阅台旧址。当年中国人民解放军第四野战军第十五兵团就是从这里接受检阅入城。受检阅的部队有十五兵团和粤赣湘边纵队。受检部队以军乐队及戴红花的战马为前导，从连新路进入府前路，接受检阅。然后在市内举行了声势浩大的游行。永汉路、西濠口还搭起了庆祝广州解放的牌楼。当时广州各界群众共计有20多万人参加了庆祝活动，检阅台上有叶剑英、陈赓、邓华、赖传珠、肖向荣、方方、尹林平、李章达、朱光等军政首长。1989年，中国人民解放军进城式检阅台旧址（月台）被广州市人民政府公布为文物保护单位。

广东革命历史博物馆

在广州市中山三路的烈士陵园内，有一座目前广东省内建馆时间最早的专题性革命历史博物馆——广东革命历史博物馆。该馆馆址面积约为2000平方米，是一座中间大厅、绕以回廊、两层圆顶的建筑，馆内绿树成荫，环境幽雅。广东革命历史博物馆成立于1959年，为地方专题博物馆。1996年7月23日，在广东革命历史博物馆基础上，广州市编制委员会又批准成立广州近代史博物馆，现两块馆牌同一馆舍。该馆还管辖黄埔军校旧址纪念馆、中国共产党广东区委旧址纪念馆、中华全国总工会旧址纪念馆、广州起义纪念馆和胡志明主办的越南青年政治训练班旧址等附属馆。广东革命历史博物馆是大革命时期的一个重要的革命旧址。该馆馆址原是

广东革命历史博物馆

清末广东咨议局旧址，为欧式建筑形式，建于清末宣统元年（1909年）。在这里曾经发生了许多中国革命史上有影响的历史事件，例如：毛泽东主编《政治周报》时在这里办公，谭延闿、李富春主办的中国国民党政治讲习班和何香凝主办的中国国民党妇女运动讲习所曾经在这里上课等。

广东革命历史博物馆以广东人民革命斗争史为基本陈列，介绍从鸦片战争到全国解放这段历史时期广东人民为民族独立解放而进行英勇斗争的历史，尤以第一次国内革命战争时期为重点。该馆还在中华全国总工会旧址纪念馆设大革命时期全总领导工人运动事迹陈列室，在黄埔军校旧址纪念馆设校史陈列室，在中共广东区委旧址设区委革命事迹陈列室，在广州苏维埃政府旧址设广州起义事迹陈列室。馆内现有文物文献藏品1万多件（套），历史照片2.5万多张，一级品20件。

★ 文德楼

广州市越秀区文德东路南侧有一座颇具规模的老房子，历经沧桑的外墙掩盖不住昔日精致的外貌，老房子名为文德楼。从1924年至1927年，周恩来担任中共广东区委的负责人和黄埔军校政治部主任，在广州留下了深深的印记。文德楼就是周恩来和革命战友共同居住过的地方，也是周恩来和邓颖超喜结革命情缘的新婚居所。1925年8月8日，周恩来与邓颖超正式成婚，他们的新婚居所就在文德楼3号二楼。他们的好友李富春、蔡畅夫妇就住在隔壁的1号。周恩来和李富春夫妇等广东区委负责同志居住在文德楼，是经过了周密考虑的，有着多方面的原因。首先是方便，这里离文明路广东区委和万福路广东军委都只有几步之遥，到周恩来当时工作的沿江路黄埔军校广州办事处也很方便。其次是安全，文德楼周围比较安静，巷口原来还有一座更楼，比一般民居更具有安全性。从文德楼开始，周恩来、邓颖超这对革命伴侣携手开始了长达半个世纪相濡以沫的人生路，周恩来和邓颖超夫妇用自己的一生演绎着战友之情、伴侣之爱。多年来很多广州市民游客慕名前来探访，文德楼成为广州一处带有浪漫色彩的红色史迹。

杨匏安旧居陈列馆

杨匏安旧居陈列馆位于广州市越秀区越华路116号，原为杨家祠。2018年12月7日，广东省人民政府召开保护修缮杨家祠工作会议，决定从省城乡资源保障工作专项经费中拨出专款，用于杨家祠现有住户搬迁安置、历史建筑修缮、周边环境微改造及陈列布展等。2019年杨匏安旧居陈列馆开馆，红色据点杨家祠焕发新活力。馆展分三个部分：第一部分为“革命先驱杨匏安”，展示了华南地区系统介绍马克思主义的第一人杨匏安的革命事迹；第二部分为“红色据点杨家祠”，展示了杨家祠作为中共早期党团组织活动据点的历史，以及杨家祠这座红色文物史迹的保护修缮历程；第三部分为“群英荟萃管东渠”，介绍了曾走进杨家祠活动的陈独秀、周恩来、刘少奇等著名党史人物。后人总结，上个世纪二十年代杨家祠的革命活动功能主要包括广州共产党早期组织活动点、中共广东区委活动场所、黄埔军校招生时应考的中共党员报到处、省港罢工委员会给罢工工人发放各界捐款处、中共三大筹备联络处、外地来穗中共党员医疗点等。如今的杨匏安旧居陈列馆（杨家祠）已成为传承红色基因、弘扬革命精神的红色圣地。

陈复烈士墓

陈复烈士墓园位于广州市海珠区江南大道中穗花南社区，墓园中央有座混凝土结构六角攒尖顶墓亭，顶尖处镶有六角宝珠，墓亭直径为4.4米，高为2.7米。墓园四周用围墙、铁围栏围着，大门的门额上刻着聂荣臻元帅题写的“陈复烈士之墓”大字。墓亭内安放着陈复烈士的雕像，亭后端有陈复烈士墓墓碑，碑两侧各有刻石两块，石上分别雕刻着《为陈复惨被虏杀报告书》及《哭子复》诗四首。陈复烈士墓园始建于1935年，2008年12月被广州市人民政府公布为第七批广州市文物保护单位，2018年被确定为海珠区党史教育基地。陈复（1907—1932）为番禺县明经乡人，其父陈树人是岭南画派奠基人之一，也是一位著名的中国民主主义革命者。1925年陈复加入中国共产党，曾任中共广东省委领导的《工人日报》社副社长，领导天津中共顺直省委革命工作，后又任中共广州市委宣传部部长。1932年8月10日晚，国民党将陈复秘密杀害于南石头惩戒场。陈复烈士墓园所在地——海珠区昌岗街道，近年来统筹利用地区红色景点资源和特色文化资源，以“丹青昌岗、复兴路上”和“党有号召、团有行动”为主题，以陈复烈士墓为依托，积极打造昌岗地区党团教育中心和红色文化长廊，用革命先烈的英勇事迹和革命精神激励年轻一代奋勇前行。

★ 星海园

广州市麓湖西岸有一座革命纪念公园，名为星海园。该园是为了纪念著名音乐家冼星海逝世四十周年、诞生八十周年，由广东省音乐家协会和广州市人民政府筹资合建而成的。星海园依山傍水、环境幽雅，现占地6000平方米，1985年12月1日该公园建成时，冼星海的骨灰迁葬至此。星海园内设有冼星海的塑像、纪念碑和陵墓，纪念碑的正面刻有毛泽东同志的题词“为人民音乐家冼星海致哀”，背面刻着全国音协名誉主席吕骥写的碑铭。星海园内还设有亭廊花架、70米长的墓道和300平方米的陈列室。陈列室内展出了冼星海的生平及业绩，分为“在广州、北京、上海”“在巴黎”“归国回到上海”“上海—武汉”“在延安”“在苏联”“缅怀”七个部分，图文并茂地展现了冼星海的工作和生活轨迹，再现了这位人民音乐家短暂而伟大的一生。

第四章

广州红色文化的传承和创新发展

广州红色文化是在长期的革命斗争中留下的宝贵财富。继承和弘扬红色文化，使其在新的历史时期绽放出新的光彩，为实现中华民族伟大复兴注入精神动力，为人们提供精神指引，具有十分重要的现实意义。

广州红色文化的精神内涵

广州红色文化形成于中国共产党领导的革命战争年代，是在马克思主义指导下、在中国共产党领导下，融合革命和社会主义建设、改革开放的思想创造，吸纳岭南文化而形成的独特文化形态。广州红色文化内容丰富、形式多样，有红色旧址、红色器物、红色文献、红色人物、红色事件、红色文艺、红色建筑、红色精神、红色研究、红色创作等。我们传承和弘扬红色文化，主要是传承和弘扬红色文化的精神内涵。广州红色文化的精神内涵主要有以下几方面内容：

★ 坚定理想信念、追求真理

习近平总书记说："我们党是用马克思主义武装起来的政党，马克思主义是我们共产党人理想信念的灵魂。"[①]对马克思主义的信仰，对共产主义的

① 《纪念马克思诞辰200周年大会在京举行　习近平发表重要讲话》，《人民日报》2018年5月5日。

信念，是共产党人的政治灵魂，是共产党人经受住任何考验的精神支柱。从中国共产党100年的发展历史来看，无论是革命战争时期还是社会主义建设、改革开放时期，背离或放弃马克思主义，我们党就会迷失方向，就会犯错误。在坚持以马克思主义为指导这一根本问题上，我们必须坚定不移，任何时候任何情况下都不能动摇。

广州是华南地区马克思主义传播中心。早在20世纪初，广东籍的梁启超、朱执信等资产阶级改良派和革命派就已对马克思的著作和思想进行了介绍。五四运动后，广州在传播马克思主义方面发挥了重要作用。从1919年11月起，杨匏安在《广东中华新报》上先后发表了40多篇译述文章，对马克思主义的基本原理做了较为全面的介绍，论证社会主义的科学性。1920年夏，谭平山、陈公博、谭植棠等广东籍的北大学生回到广州，开展了新一轮的传播马克思主义的工作，并于1920年10月创办《广东群报》。1921年春《广东群报》确定为中共广东支部的机关报，这是全国第一份地方党组织机关报，也是创党时期共产党人主办的全党唯一的一份日报。《广东群报》以大量篇幅宣传马克思、列宁的学说，传播苏俄经验，介绍国际共产主义运动及国内工人运动状况。1921年2月，《新青年》迁来广州出版，开展社会主义问题的讨论和对无政府主义的批判，还组织了马克思主义研究会。这些早期马克思主义传播者的活动及其创办的刊物产生了重要影响，促进了马克思主义在广州地区的传播。

在中国共产党领导的革命斗争中，广州涌现了一批批为了坚持共产主义的伟大理想而不惜抛头颅洒热血的革命先烈，留下了可歌可泣的英雄事迹。如萧楚女、刘尔崧、熊雄、邓培、李森、何耀全、张太雷、游曦、周文雍、陈铁军、陆更夫、蔡和森、吴毅、季步高、李耀先、陈复等共产党人，都是在广州牺牲的。他们面对凶残的敌人，大义凛然，视死如归，表现出了“砍头不要紧，只要主义真”“敌人只能砍下我们的头颅，决不能动摇我们的信仰”的英雄气概，支撑他们的就是“革命理想高于天”的精神力量，是共产党人对理想信念的坚定不移。

可以说，没有马克思主义在广州的传播，就不会有广州共产党组织的诞生和发展壮大；没有对共产主义理想信念的追求和坚持，就没有共产党人在广州开展革命斗争的伟大实践。马克思主义的传播是广州红色文化产生的源头，无数革命先烈为共产主义理想信念的英勇献身，书写了广州英雄城市的光辉历史，融入了广州城市文化的血脉。坚定的共产主义理想信念是广州红色文化的精神源泉。

★ 对党忠诚、一心为民

习近平总书记多次指出，共产党员要对党绝对忠诚。他强调："对党绝对忠诚要害在'绝对'两个字，就是唯一的、彻底的、无条件的、不掺任何杂质的、没有任何水分的忠诚。"对党忠诚，永不叛党，是每个中国共产党员入党宣誓时的庄严承诺，是共产党人必须具备的优秀品格。对党忠诚是广州红色文化的重要精神内涵。在中国共产党领导的早期革命斗争中，广东地区的中共党员数量全国第一，其组织力、战斗力全国最强。广州作为广东区委机关所在地，党组织也得到快速发展。1921年3月，广州共产党早期组织成立。到了1927年，广州已有30多个党支部，2000余名党员，成为华南地区革命运动的坚强领导核心，领导广州人民发动了工人农民青年妇女等群众运动。1927年12月11日，广东省委和广州市委在敌强我弱形势下毅然发动广州起义，在城市建立起第一个红色政权，首次打出"苏维埃""工农红军"的旗帜。广州起义虽然失败了，但彰显了中国共产党人坚定的理想信念、不怕牺牲的革命精神。在中国共产党早期革命中，一大批无产阶级革命家曾经汇聚广州，又从这里奔向全国革命战场。陈独秀、毛泽东、周恩来、刘少奇、叶挺、叶剑英、聂荣臻、陈赓、徐向前、邓颖超等许多著名革命领袖都先后来到广州从事革命活动。他们的革命活动深刻影响和改变了中国历史的走向。在广州，有无数革命先烈为了党的事业、为了人民的解放，前仆后继、英勇斗争，抛头颅洒热血，涌现了彭湃、蔡和森、杨匏安、恽代英、周文雍、陈铁军、熊雄、张太雷、杨殷、萧楚女等一批英烈。他们宁肯牺牲自己的性命，也决不叛党，留下了可歌可泣的英雄事迹。他们对党的忠诚铭刻在广州的城市记忆中，至今为人们所敬仰。他们的革命精神为广州人民代代传承。

习近平总书记指出，“为中国人民谋幸福，为中华民族谋复兴，是中国共产党人的初心和使命，也是改革开放的初心和使命。我们党来自人民、扎根人民、造福人民，全心全意为人民服务是党的根本宗旨，必须以最广大人民根本利益为我们一切工作的根本出发点和落脚点，坚持把人民拥护不拥护、赞成不赞成、高兴不高兴作为制定政策的依据”。[①]早在建党之初，中国共产党人就把为人民谋幸福确立为党的宗旨和奋斗目标。在漫长的奋斗历程中，面临血与火的考验，共产党人一直用前赴后继、英勇献身的行动，坚守这一宗旨和目标，因此中国共产党才能在腥风血雨中一次次绝境逢生，在攻坚克难中能够不断从胜利走向胜利。回顾广州的革命和建设历史，为人民谋幸福一直是广州革命斗争的主线。革命战争时期，为实现民族独立、人民解放，广州地区的中国共产党组织团结带领人民群众百折不挠、浴血奋战，为新民主主义革命胜利、新中国成立做出重要贡献。新中国成立后，为了改变一穷二白的落后面貌，中国共产党领导广州人民迎难而上、艰苦奋斗，取得社会主义建设重大成就。

对党忠诚、永不叛党、一心为民、全心全意为人民服务是广州革命和建设的主旋律，也是广州红色文化的重要精神内涵。

★ 勇于斗争、善于团结

作为中国共产党在华南地区的革命中心，广州有着光辉的革命斗争历史。1921年，广州共产党早期组织成立，陈独秀任书记。有着光荣革命传统

① 《习近平在庆祝改革开放40周年大会上的讲话》，《人民日报》2018年12月18日。

的广州人民在中国共产党的领导下，开展了艰苦卓绝的斗争，反帝反封建，反抗国民党反动派的统治。1921年10—12月广州形成了第一次工运高潮，多个行业的工人举行了罢工。1922年1月爆发了香港海员大罢工。1925年6月19日，为了支援上海人民五卅反帝爱国运动，广州和香港爆发了规模宏大的省港大罢工。此次罢工由共产党人邓中夏及苏兆征等人领导，历时1年零4个月，是20世纪80年代以前世界工运史上时间最长的一次大罢工。这些大罢工增长了中国工人阶级的志气。1927年的广州起义，与南昌起义、秋收起义一道载入中国革命史册，标志着中国共产党独立领导革命战争和创建人民军队的开始。

广州地区的共产党组织，不但善于斗争，也善于团结一切可以团结的力量。1923年，在广州党组织的积极促进和参与下，中共三大在广州召开，制定了实行国共合作、建立革命统一战线的方针。中共三大后，中共广东区委积极贯彻执行三大的决议案，帮助国民党改组。在中国共产党的帮助下，1924年1月，中国国民党第一次全国代表大会在广州召开，通过了《中国国民党第一次全国代表大会宣言》，孙中山重新解释了三民主义，确立了“联俄、联共、扶助农工”的三大政策。国民党一大是国共合作正式形成的标志，也是中国共产党开始实现民主革命纲领和统一战线的重大胜利。在国共合作、建立革命统一战线的背景下，孙中山依靠苏联的支援，联合共产党人的力量，创办了黄埔军校。大批杰出的共产党人在黄埔军校的创办过程中发挥了重要的作用，并在建校之初大量地参与军校各方面工作，特别是在对军校意义重大的政治教育中，周恩来等一批共产党领导人在一定时期内发挥了主要作用。黄埔军校为中国革命培养了众多军事人才，军校师生中的共产党员为中国的民族解放立下了不朽战功。

中国共产党在广州的革命斗争实践中凸显了既勇于斗争也善于团结一切可以团结力量的法宝，广州是这一法宝的诞生地，为以后的革命斗争积累了丰富的经验。既善于斗争也善于团结是广州红色文化精神内涵的重要特征。

敢为人先、与时俱进

广东地处岭南，远离北方的政治中心，较少受正统儒家文化的控制与规训，法律、制度管束的力度也相对较弱。同时，广东北接南岭，南临南海，背山靠海的自然环境孕育了岭南人强悍坚韧、勇于冒险、开拓进取的精神品质。以广州文化为中心的岭南文化更是这种特质的代表。“敢为天下先”的自我变革意识，使广州常常想他人所不敢想、做他人所不敢做，从而在社会变革的大潮中总能先行一步。广州红色文化不可避免地打上了岭南文化的烙印，融合了岭南文化，具有鲜明的岭南文化特质，其中很重要的一点就是敢为人先，具有创新精神。20世纪初，孙中山在广州发动民主革命，最终推翻了两千多年的封建帝制，岭南成为中国近代民主革命的策源地。中国共产党成立后，广州创下了中国革命史上诸多第一，如成立了第一批共产党小组，建立了第一批中国共产党地方组织，召开了第一次全国劳动大会和中国社会主义青年团大会，共产党领导了第一次工人罢工运动，召开了中共三大首次提出建立国共合作统一战线，成立了第一所培养农民运动干部的学校，建立了第一个城市苏维埃政权，等等。

敢为人先、勇于担当、与时俱进的精神在广州革命和建设的历史中都得到了鲜明体现，成为广州红色文化精神内涵的重要内容。

广州红色文化的传承

新时代赋予广州新使命。广州是广东省省会、国家中心城市、历史文化名城，国际综合交通枢纽，国际商贸中心、交往中心和科技产业创新中心。《粤港澳大湾区发展规划纲要》将广州作为区域发展的核心引擎之一，这对广州来说是千载难逢的发展大机遇。广州要在粤港澳大湾区建设中起到核心引擎作用，在文化上发挥引领和带动作用，丰富的红色资源是广州的文化优势。广州要发挥好这一优势，深入挖掘红色文化内涵，把红色文化传承好、传播好，使其成为凝聚共识、增强国家民族认同感的精神纽带。

★继承革命先烈遗志，坚定共产主义理想信念

广州红色文化是对红色革命历史的沉淀，见证和记录了早期中国共产党人传播马克思主义的历史，以及中国共产党领导人民英勇反抗帝国主义、封建军阀的历史，再现了可歌可泣的英雄伟业，具有强大吸引力和感染力。在广州革命史上，有无数革命先贤和仁人志士为了中华民族的独立和富强而勇敢探索；有无数革命先烈怀着“砍头不要紧，只要主义真”的追求，不惧生命安危，赴汤蹈火，慷慨赴死。他们当中很多出生于富裕家庭，受过良好的教育，本可以过衣食无忧的生活，但为了实现共产主义理想而奋斗不息，为了民族命运和国家前途而抗争，为了最广大人民的平等、自由和幸福生活挺身而出，乃至流血牺牲。他们有着崇高的理想和信念，并甘愿为了理想和信念而献身。

坚定理想信念，坚守共产党人的精神追求，始终是共产党人安身立命的根本。习近平总书记指出：“要坚持不懈用马克思主义中国化最新成果武装头脑、凝心聚魂，坚定全党马克思主义信仰和共产主义理想，不断提高全党特别是领导干部的理论思维能力和思想政治水平。”[①]中国共产党之所以叫共产党，就是因为从成立之日起就把共产主义确立为远大理想。我们党之所以能够经受一次次挫折而又一次次奋起，归根到底是因为有远大理想和崇高追求。在新的历史时期，我们面临着实现中华民族伟大复兴的重大机遇和挑战，更加需要全体党员坚定理想信念，做共产主义远大理想和中国特色社会主义共同理想的坚定信仰者和忠实践行者，坚定中国特色社会主义道路自

---

① 习近平：《深刻认识马克思主义时代意义和现实意义　继续推进马克思主义中国化时代化大众化》，《人民日报》2017年9月30日。

信、理论自信、制度自信、文化自信，为理想而努力拼搏、奋斗。

人民有信仰，民族有希望，国家有力量。习近平总书记多次强调，“一个国家，一个民族，要同心同德迈向前进，必须有共同的理想信念作支撑”。[①]坚定的理想信念，是团结凝聚全党全国各族人民共同奋斗的精神力量。当今世界正经历百年未有之大变局，国际形势复杂多变，各种文化相互激荡，各种矛盾错综复杂，西方国家对我国西化、分化的压力将长期存在；中华民族伟大复兴的伟业正处在关键时期，社会利益调整也更为深刻。在这种机遇和挑战并存的国内外形势下，我们面临的使命更光荣、任务更艰巨、挑战也更严峻，必须发扬革命前辈的光荣传统，以坚定的理想信念为精神动力，将崇高的理想信念内化于心、外化于行，才能完成时代赋予我们的历史使命。今天我们传承广州的红色文化精神，就是要把革命先烈的无私无畏革命精神继承下来，坚定理想信念，完成他们未竟的伟大事业。

忠于党、忠于人民，全心全意为人民服务

中国共产党是以马克思主义为指导思想的政党。马克思主义政党的力量，主要来自党员对党的理想信念的坚持，对党组织的绝对忠诚。我们党之所以不断取得革命、建设和改革开放的伟大胜利，就是因为有一代又一代对党无比忠诚的共产党员为党的事业努力奋斗。“据不完全统计，从1921年到1949年，在我们党领导的革命中牺牲的有名可查的烈士达370万人。”[②]在和平年代，普通党员虽然不再时刻面临生死考验，但党的事业仍然需要广大党员的忠诚奉献而不断向前发展。中华民族的伟大复兴需要全党付出更为艰巨、更为艰苦的努力。各级党组织必须坚强有力，全体党员必须始终忠诚于党。在落实党的决策部署上不打折扣，在大是大非面前立场坚定，在噪音杂

① 《习近平：人民有信仰，民族有希望，国家有力量》，新华网，2015年2月28日。

② 吴泽群：《新知新党：对党忠诚是党员的根本政治担当》，《人民日报》2018年1月25日。

音面前保持定力。

中国共产党是全心全意为人民服务、为了人民利益不懈奋斗的政党。人民立场是马克思主义政党的根本政治立场，人民是历史进步的真正动力，群众是真正的英雄，人民利益是我们党一切工作的根本出发点和落脚点。中国共产党在百年的风雨历程中，为实现民族独立、人民解放，国家富强、人民幸福，做出了不懈努力，在这历史进程中，党始终作为人民幸福生活的缔造者与维护者担当起历史重任。在新的历史时期，中国共产党人仍然需要坚持全心全意为人民服务的根本宗旨，牢固树立以人民为中心的发展思想，始终把实现好、维护好最广大人民群众根本利益作为最高追求，为人民群众办实事、做好事、解难事，密切党同群众的血肉联系。

中国特色社会主义进入新时代，我国社会矛盾已经转化为人民日益增长的美好生活需要和不平衡不充分的发展之间的矛盾。随着经济社会的发展，人民对美好生活的需求日益广泛，不仅对物质文化生活提出更高要求，而且在民主、法治、公平、正义、安全、环境等方面的要求日益增长。要解决这些新矛盾、新问题，满足人民群众的新期望，需要党员领导干部传承和践行革命前辈全心全意为人民服务的精神，深入把握为人民服务的新要求，展现为人民服务的新气象、新作为，让人民群众增强获得感、幸福感、安全感。

★ 团结一切可以团结的力量，完成新时代的历史使命

广州是一座英雄的城市，有着光荣的革命斗争历史。在民主革命时期，处于岭南地区的广州并没有偏安一隅，而是积极地投入革命的大潮，用实际行动为中国革命贡献力量。1919年5月，五四运动在北京爆发，广州的工人阶级、学生和各界群众汇聚反帝爱国洪流，开展声援北京爱国学生的斗争。广州是中国无产阶级的诞生地和聚集地之一，也是中国工会运动开展最早、最发达的地区之一。英国侵占下的香港，产业工人众多，是全国工人运动中

的重要力量，香港工人运动的特点之一就是倚重广州，形成广州与香港互相声援、互相支持的格局，奠定了广州在中国工人运动中的中心地位。广州也是大革命时期农民运动的中心，1924年广州农民运动讲习所开办，毛泽东亲自为学员授课，农讲所学员毕业后分赴全国各地进行革命活动，播撒革命火种，在中国革命史上写下光辉的篇章。广州共产党积极组织发动群众与反动势力做斗争，第一次全国劳动大会、社会主义青年团第一次全国代表大会都在广州召开。

在大革命时期，广州共产党组织不但善于斗争，也善于团结一切可以团结的力量。中国共产党在第一次国共合作、革命统一战线的斗争实践中逐步加深了对团结一切力量、建立统一战线的理解，充分认识到不能单靠自身力量的孤军奋斗，必须同其他民主力量合作，建立革命统一战线，凝聚推进中国革命的共同力量。1924年国民党一大在广州召开，标志着革命统一战线正式形成，广州由民主革命策源地成长为大革命中心。早期中国共产党在广州的活动取得了令人瞩目的成就，与广州地方党组织既善于与敌人斗争又善于团结各方力量密切相关。无论是与香港联合开展工人运动、促进国共合作，还是支持全国的革命运动，都充分体现了善于斗争、善于团结的广州红色精神。

广州在革命战争年代能够团结一切可以团结的力量，取得革命的胜利，在改革开放时期能够广纳天下英才，汇聚四海资源，使广州的经济得到了快速发展。改革开放40多年来，广州地区生产总值多年居全国第三位，广州的营商环境在全国名列前茅，广州成为中国改革开放的前沿地、对外开放的窗口。进入新时代，广州要在粤港澳大湾区建设中发挥核心引擎作用，这要求广州继续发扬善于团结的精神，最大限度地集中全社会的智慧，团结一切可以团结的积极力量，调动一切可以调动的因素，形成强大合力。善于斗争、善于团结的广州红色精神，在全面建设社会主义现代化国家的今天仍不过时，需要进一步发扬光大。

★ 敢为人先、勇于担当，为新时代改革开放再出发探路

敢为人先、勇于担当、与时俱进是广州红色文化的鲜明品格，也是突出优势，无论是在革命战争年代，还是在改革开放时期，这一文化特质都发挥了积极作用。广州革命历史是一部光荣的、英雄的历史，也是一部广州地方党组织不断探索、修正错误，勇于自我革命的历史。正是这样不断检视自己、修正自己，党的事业才能在一次次改正错误中浴火重生、凤凰涅槃。如中共三大正是在考察和分析国内外形势的发展变化，创造性地提出以党内合作方式建立革命统一战线的思想主张，使国共合作为基础的革命统一战线得以形成。中共三大系统阐述了国民革命的依据、任务、性质、动力、步骤和前途等问题，形成了比较完整的理论形态。中共三大还首次将农民革命问题写进党纲，通过了关于农民问题的决议案，发展了农民革命的理论。这些都充分体现了我党敢为人先、与时俱进的精神。

习近平总书记指出，建党以来，党的指导思想和基本理论的每一次与时俱进，都不是从书本、概念和抽象原则出发，而是紧密联系实际、顺应实践需要、创造性地运用马克思主义理论研究革命、建设、改革中遇到的重大现实问题而实现的。1978年以来，广州在改革开放的实践探索中走在全国前列。从1979年开创酒店行业引进外资先河，到1986年拟订全国最早的开发区条例，再到2012年和2014年先后获批南沙国家级新区和中国（广东）自由贸易试验区广州南沙新区片区。因为敢为人先，广州能够在发展建设中尊重事实、不秉持偏见，不设障碍，不拘泥于框架模式，不自负于约定俗成；因为勇于担当，广州能够突破思想的禁锢，勇于尝试和改变；因为与时俱进，广州能够自信从容，在改革与发展的道路上不迷失。改革开放40多年来，广州经济飞速发展，社会面貌日新月异，取得的成绩令人瞩目，这是历史机遇的馈赠，更是广州与时俱进的结果。

当前，改革已进入了深水区、攻坚期，面临着与之前不同的新问题、新矛盾，迫切需要广州发扬敢为人先、勇于担当、与时俱进的精神，在更高站

位、更宽视野、更大格局上加以谋划，以国家战略为己任，勇挑重担、奋勇向前，为中国改革开放事业做出新的贡献。

作为世界唯一千年不衰的商业城市，广州如今已成为国内最开放、市场化程度最高的城市，并与全球220多个国家和地区保持贸易往来。迈入新时代，站上新起点，广州该如何推动全面开放再出发？作为21世纪海上丝绸之路的重地，广州如何发挥“一带一路”重要枢纽城市作用？广州在粤港澳大湾区建设中如何发挥核心和引擎作用？这些都是时代赋予广州的新使命和新任务，广州要进一步弘扬敢为人先、勇于担当、与时俱进的红色精神，为改革开放再出发破题，为高质量发展探路。

广州红色文化的创新发展

广州红色文化资源反映了从1919年五四运动到1949年新中国成立的新民主主义革命史，在全国红色文化遗产体系中具有独特的地位和重要的价值。这些红色文化资源是广州宝贵的精神财富，是推动广州发展的动力源泉，是广州在新时代勇担使命的精神指引。广州要积极推动红色文化资源的保护开发和创新利用，促进红色文化资源在当代焕发出新光彩。

传承广州红色文化，激发老城市新活力

2018年10月，习近平总书记在考察广东时，要求广州实现老城市新活力，在综合城市功能、城市文化综合实力、现代服务业、现代化国际化营商环境方面出新出彩。这是新时代赋予广州的新的历史使命，广州要继承发扬勇于担当的红色精神，牢记习近平总书记的嘱托，抢抓大机遇，焕发新活力，承担起更大责任，肩负更高使命，展现广州的定位、担当和作用。

如何使老城市焕发新活力，习近平总书记站在文明传承、文化延续的高

度指出："城市规划和建设要高度重视历史文化保护，不急功近利，不大拆大建。要突出地方特色，注重人居环境改善，更多采用微改造这种'绣花'功夫，注重文明传承、文化延续，让城市留下记忆，让人们记住乡愁。"这是让老城市显现新活力的根本原则，为广州乃至全国其他历史文化名城在新时代迸发出新活力指明了方向。广州是有着两千年历史积淀的老城市，这是广州之"老"；广州又是改革开放的前沿地，是"四个走在全国前列"排头兵，这是广州之"新"。"老"与"新"是辩证统一的关系，是你中有我、我中有你，相互融合、相互促进的关系，广州厚重的历史是创新发展的文化血脉，广州的创新发展续写千年商都的辉煌。老城市焕发新活力就是既要锐意进取，又能留得住历史，记得住乡愁。

传承历史文化，才能保留城市的文化血脉、文化土壤，城市的发展才有强劲的后劲和动力。广州的红色文化资源是广州宝贵的历史文化资源，是广州老城市焕发新活力的活力之源。保护挖掘广州红色文化资源，能够让人们记住那一段光辉的革命历史，擦亮广州英雄城市的品牌；弘扬传承广州红色文化精神，能够激励、引领人们奋发进取，不断取得新时代中国特色社会主义建设的新成就，使广州老城市在新时代焕发出新的光彩、新的活力。

★ 进一步加强对广州红色资源有效保护，促进开发和利用

一是要加大对红色资源的抢救和保护力度。在红色资源保护开发中，要注重遗存保护。"按照'保护为主、抢救第一'的原则，组织党史、文物、属地政府定期进行红色革命遗存普查工作，做好新发现革命遗存命名、遗存实物、遗存范围、遗存史实的认定、阐释工作，特别是对那些破损严重、面临重大安全风险的革命遗存，要及时采取抢救措施，进行加固修缮或原址重建，对那些仍在使用的民居或公共部门，要及时做好沟通协调工作，以最大可能保护原貌。对于那些散落于民间的革命历史遗存，要做好文物、文献的

征集工作，以丰富充实广州红色资源的内容。”[①]要建立红色资源保护体系，并将其纳入广州历史文化名城保护框架，对红色资源进行分级分类保护。确定红色资源保护名录，划定保护范围，制定保护图则。针对具有重大影响和重要价值的红色资源，必须划定环境协调区，并以条文形式明确具体保护、控制和引导要求。

二是要建立全社会共同参与的红色资源保护开发机制。对于红色资源的线索认定、保护、传播、修缮和利用等工作，建立公众参与制度，特别要加强民间团体、学术机构、学者及媒体平台的积极参与，吸收历史、档案、考古、文化、旅游等方面的专业人员组成专门小组，科学地指导红色资源的管理、保护和利用。通过媒体平台的宣传促进市民对红色文化资源保护利用的认知、参与和监督。开发红色资源，要注重多元利用，精心设计，加强特色体验。要多元化利用和多维度展示各类红色文化资源，根据资源周边地区功能特色和环境条件，尽可能对公众开放和利用。优先发展红色文化专题博物馆、纪念馆或遗址公园。一般资源鼓励与文化馆、老人活动中心、居（村）委会及村史馆等公共服务设施联动发展。尚不具备开放条件的，应在面向城市公共界面设立纪念标志或铭牌说明。鼓励利用各种新技术手段，增强陈列展览的生动性、参与性和体验性。

三是要注重红色文化保护利用与传统文化保护利用之间的融合发展。2018年10月，习近平总书记到广州永庆坊考察时强调，城市规划和建设要高度重视历史文化保护，注重文明传承、文化延续，让城市留下记忆，让人们记住乡愁。按照这一要求要做好红色史迹与周边区域的整体开发，将红色革命遗址保护与城市更新改造结合起来，因地制宜开展有主题的氛围布置，鼓励利用周边共有物业资源建设文创空间，让红色文化保护与传统文化保护相互促进、相得益彰，有机融合在一起，充分体现地域特色，激发“老城市新活力”。

① 张龙平：《打造广州红色文化品牌的着力点》，《广州日报》2019年6月24日。

★加强顶层设计，注重整体把握、总体谋篇布局

广州红色文化资源开发应注重整体把握、总体谋篇布局，完整地、立体地展现革命战争年代中国共产党在广州开展的一系列重要革命活动，以其留下的丰富的红色文化遗产，见证中国共产党人艰苦奋斗的革命历程。要以长远的眼光谋划红色文化体系化建设，解决诸如总体规划、展馆项目等重大问题，健全多部门协作联动机制，形成工作合力。出台专门文件，强化管理手段、落实管理措施、保障管理资金，以尽可能短的时间对红色资源集中进行保护和利用，对广州重要革命遗址保护和纪念馆建设给出总体的设计和规划。应加强各区的合作，制定整合、协作开发的方案，突出各区红色资源开发的特色优势。各区政府要明确红色资源的权属，建立清晰的层级管理体系，将管理、研究、保护与利用工作落实到具体单位。

★筑牢广州红色文化宣传教育主阵地，提升红色文化影响力

红色文化是在革命战争时期由中国共产党人、先进分子和人民群众共同创造并极具中国特色的先进文化、特色文化，蕴含着丰富的革命精神和厚重的历史文化内涵，是革命战争年代社会大众主流意识形态和思想观念在文化层面的集中体现。改革开放以来，受多元文化的影响，人们形成多元化的价值观，对红色文化的情感态度存在偏差，主动认可和接受红色文化的意识不足，甚至在青年群体中出现了红色文化认同危机的问题，对红色文化在现代社会的传承和发展造成不利影响。在新形势下，要优化红色文化宣传教育，将红色文化融入党性教育、学校教育及社会教育的方方面面，发挥红色文化对社会大众的感染和熏陶作用，使人民群众能正确看待红色文化和接受红色文化，切实提高人民群众对红色文化的精神认同感，在自觉认同的基础上，以红色文化为根基强化文化自信。

当前，广州在红色文化的宣传和推广方面，仍以传统媒介为主，对新

媒体平台和网络平台的开发不够深入，降低了红色文化在现代社会的影响力。要把握时代特征和红色文化的时代元素，积极探索新媒体和传统媒体融合宣传的优势，构建全新的传承和发展模式，全面提升红色文化资源的传播能力，将红色文化内容向社会大众的生活延伸，融入大众生活的方方面面，使广大网民可以足不出户、随时随地“走进”没有围墙的红色纪念馆。要积极利用现代网络科技，推动“红色文化资源融媒体聚合平台”项目建设，发挥聚合效应，创新传播策略。以广州范围内的革命展馆、纪念馆、博物馆、烈士陵园等为主线，对红色文化、红色阵地、红色文物、红色故事、红色精神的认识和挖掘为主要内容，打破现场展馆的单一呈现模式，利用文字、声音、图片、视频、模型等方式，借助音频讲解、3D（三维）展现等先进手段，建设数字AR（增强现实）项目和互动式展览。策划打造一批主题突出、内涵丰富、形式新颖的红色文物陈列展览精品，呈现发生在广州的宏大革命历史场景，推动红色文化“本土化”“乡土化”，增强红色文化吸引力和感染力。

★ 积极推动广州红色文化的研究和创作，体现红色文化的当代价值

习近平总书记指出，“推动文艺繁荣发展，最根本的是要创作生产出无愧于我们这个伟大民族、伟大时代的优秀作品”；“必须把创作生产优秀作品作为文艺工作的中心环节，努力创作生产更多传播当代中国价值观念、体现中华文化精神、反映中国人审美追求，思想性、艺术性、观赏性有机统一的优秀作品”。[①]红色文化是一座取之不尽的富矿。广州有丰富的红色文化资源，深入挖掘利用这些红色文化资源，焕发其当代价值，一个重要途径就是加强对红色文化的研究和创作。

① 《习近平主持召开文艺工作座谈会强调　坚持以人民为中心的创作导向　创作更多无愧于时代的优秀作品》，《人民日报》2014年10月16日。

加强红色文化创作，提升广州红色文化影响力。文化创造赋予红色文化第二次生命，是提升广州红色文化品牌影响力的重要方式。红色文化主题创作是讲好红色故事，让红色文化走进普通百姓生活中的重要途径，是广泛开展理想信念教育、爱国主义教育和革命传统教育的重要载体。“新时代广州红色文化创造，应在坚持红色历史基本事实的基础上，进行更多具有人民性、时代性、思想性的文艺创作，鼓励广大文艺工作者以广州特定红色文化为背景进行文学艺术创作，特别是创作受人民群众喜爱的影视作品，鼓励以广州红色文化为原型创作影视作品，将广州红色文化遗存搬上大荧幕。”①

建立红色文化综合研究机制，实行常态化管理。红色文化研究能够让人们深入历史、了解历史，深入挖掘红色文化的内涵和当代价值，对于激发爱国热情、凝聚人民力量、弘扬民族精神、传承红色基因具有重要作用。红色文化的研究和创作需要多部门的协同合作，党委、政府的宣传机构应起到主导作用，定期组织研究机构、文物保护单位、市政规划与建设等部门进行红色文化资源保护利用的相关研究。

在红色文化的研究和创作中，应力求真实、科学、丰富、丰满。红色文化资源的挖掘越丰富，红色人物的形象情感越丰满，红色文化资源所反映的史实越真实，红色文化资源所阐释的理论越科学，人们就越能接受。应致力于把人们带到历史情景、历史结构、历史叙事中去认知和感受，引发人民群众的思想共振和情感共鸣。

★打造广州红色文化品牌，擦亮广州英雄城市名片

广州是我国首批历史文化名城，是中国近现代民主革命策源地，是一座具有光荣革命传统、厚重红色文化的英雄城市。越秀区是中国共产党早期在

① 张龙平：《打造广州红色文化品牌的着力点》，《广州日报》2019年6月24日。

广州的主要活动地，诞生了“中共党史上的十个第一”，红色文化资源丰富集中。中共三大在广州召开，开启了国共合作、建立了统一战线；农民运动讲习所在这里开办，大批农民运动干部从这里奔赴全国开展农民运动；黄埔军校在广州建立，培养了一大批赫赫有名的革命将领；震惊中外的广州起义书写了中国共产党人英勇斗争、不怕牺牲的伟大壮举；还有著名的省港大罢工、第一次全国劳动代表大会、团一大等事件都发生在广州。一大批著名革命前辈、革命先烈都曾在广州战斗过。这些都是广州引以为傲的红色历史，也是广州英雄城市的底蕴和底气。广州要充分开发这些红色文化资源、打造红色文化品牌，擦亮广州英雄城市的名片。

一是要积极推动创建红色文化传承弘扬示范区。立足广州优势，强化整体规划保护、整体资源利用、整体策划宣传，着力构建以越秀区为核心的全市“一核四廊”总体发展格局，塑造越秀片区“一极两纵三横三片区”开发格局，明确红色文化资源保护和展示示范区、红色旅游重要目的地、红色文艺创作高地、红色文化教育宣传主阵地、红色文化发展体制机制改革试验区五大战略定位。

二是要强化各区之间红色资源的链接，加强红色文化资源与自然资源、历史文化、现代元素的整合。要重点抓好红色场馆改扩建、修缮保养、陈列提升、周边环境整治等重大项目，做到红色文化资源保护开发利用的系统性、整体性。打造红色文化发展新高地，彰显广州红色文化的魅力，擦亮红色文化名片，推动实现广州红色文化品牌效应跻身全国前列。

三是加强对广州红色文化宣传推广。要加强广州红色文化研究、红色文艺精品创作、红色文化教育、红色文化宣传、红色旅游、红色特色活动六个重大品牌建设。推出一批在全国有影响力的学术研究、文学艺术作品，提升广州红色文化的知名度。要学习延安、井冈山、西柏坡等红色革命教育基地的经验，规划建设广州红色革命教育经典路线，把广州打造成国内知名红色革命教育基地。

★ 提炼广州红色精神内涵，丰富中国革命精神

广州的红色文化资源丰富，这是革命先烈留下的宝贵文化遗产。要把这些红色资源保护好、利用好，积极向全社会推广，扩大广州红色资源的知名度和影响力，让红色精神薪火相传，转化为我们今天改革发展创新的强大精神力量。为了更有效地推广和传播广州的红色文化，有必要加强对广州红色精神内涵的提炼和概括，使其更容易为人们铭记。

一是要加强对重点红色革命遗址相关革命文物、文献档案、口述资料等的征集工作。组织专家、志愿者开展调研活动，深入挖掘红色革命遗址的历史故事、人物故事和精神实质，为广州红色精神的提炼提供充足的史料与理论基础。

二是应加快提炼广州英雄人物的精神内涵。广州有很多曾经工作战斗甚至牺牲在这里的革命者和英雄人物，他们为中华民族的解放事业做出了重大贡献，值得我们永远铭记。如杨匏安、彭湃、苏兆征、冼星海、周其鉴、林伟民、阮啸仙、周文雍、陈铁军等，这些都是出生于广东、曾在广州进行过革命斗争的革命者，是广州也是广东的英雄，但目前还缺少对这些英雄人物精神的提炼。广州应尽快组织专家学者，深入研究在广州革命战斗过的中国共产党重要人物，尤其是广东籍革命先烈，提炼他们的人物精神内涵，让后人永远记住他们，学习他们的宝贵品质，激励人们不忘历史，砥砺前行。

三是应加快提炼广州革命事件的精神内涵。随着对中共党史、中国革命史研究的深入，现已概括提炼出重要革命事件的精神内涵，如一大精神、红船精神、井冈山精神、长征精神、西柏坡精神等。在中国革命史上，广州也曾发生过很多具有重大影响和意义的事件，如中共三大、举办农民运动讲习所、省港大罢工、广州起义等。广州应组织专家学者加强对广州红色革命事件的研究，提炼其独特的精神内涵，丰富广州“英雄城市”的精神底色。

四是应加快提炼概括广州红色文化的整体精神内涵。当前全国一些著名的革命地区都有自己的红色精神概括，如红船精神、井冈山精神、延安精

神、苏区精神、太行精神、西柏坡精神等。广州具有厚重的革命历史、丰富的红色文化资源，是中国革命统一战线摇篮、中国革命将帅摇篮、中国农运摇篮、国际工运青运策源地，在中共党史和中国革命史上都具有重要的地位。并且广州的革命历史、红色文化与其他地方相比具有鲜明的特点，缺少对广州红色精神的概括，中国的革命精神是不全面的。广州应尽快概括凝练出自己的红色精神，丰富中国红色精神内涵，使广州的红色精神与全国各地的红色精神共同构成中国革命精神谱系。

参考文献

［1］邓小平．邓小平文选：第3卷［M］．北京：人民出版社，1993.

［2］中共中央党史研究室第一研究部．共产国际、联共（布）与中国革命档案资料丛书：第1卷［M］．北京：北京图书馆出版社，1997：95–118.

［3］中共中央党史研究室第一研究部．共产国际、联共（布）与中国革命档案资料丛书：第2卷［M］．北京：北京图书馆出版社，1997：321–471.

［4］中国社会科学院近代史研究所现代史研究室．“二大”和“三大”：中国共产党第二、三次代表大会资料选编［M］．北京：中国社会科学出版社，1985：673–681.

［5］中国社会科学院马列所，近代史研究所．马林与第一次国共合作［M］．北京：光明日报出版社，1989：264.

［6］哈战涌．建军的那些人与事：星火燎原［M］．北京：当代中国出版社，2012.

［7］陈冠任．31个省、自治区和直辖市组建实录［M］．北京：中共党史出版社，2009.

［8］广东省地方史志编纂委员会．广东省志：人物志［M］．广州：广东人民出版社，2002：320–321.

［9］中共广州市委党史研究室，广州市民政局．广州英烈传［M］．广州：广东人民出版社，1991：312–318.

［10］广东革命历史博物馆．中共“三大”资料［M］．广州：广东人民出版社，1985：156.

［11］中央档案馆．中共中央文件选集：第1册［M］．北京：中共中央

党校出版社，1989：156–172.

［12］张国焘．我的回忆：第1册［M］．北京：现代史料编刊社，1980：239–240.

［13］中央档案馆．中共党史报告选编［M］．北京：中共中央党校出版社，1982：176.

［14］王健英．民主革命时期中共历届中央领导集体述评：上卷［M］．北京：中共党史出版社，2007：37.

［15］中共广东省委党史研究室．中共广东历史简明读本［M］．广州：广东人民出版社，2011.

［16］中共广州市委党史研究室．中共广州地方史：新民主主义革命时期［M］．广州：广东人民出版社，1995.

［17］中共广州市委党史研究室．广州党史资料第二辑［M］．广州：广州出版社，2014.

［18］中共广州市委党史研究室．广州党史资料第一辑［M］．广州：广州出版社，2014：116–143.

［19］欧阳湘．光辉岁月　羊城丰碑：中共广州历史90载　上［M］．广州：广州出版社，2014.

［20］廖惠霞．光辉岁月　羊城丰碑：中共广州历史90载　下［M］．广州：广州出版社，2014.

［21］罗章龙．椿园载记［M］，上海：生活·读书·新知三联书店出版社，1984：270–274.

［22］何梓林，夏远生．二十世纪湖南人物［M］．长沙：湖南人民出版社，2001.

［23］裴植，程美东．先锋引领的红色文化［M］．北京：中国社会科学出版社，2019.

［24］李康平．江西红色资源开发与教育研究［M］．北京：中国社会科学出版社，2011.

［25］韩延明．红色文化与社会主义核心价值体系建设研究［M］．北京：人民出版社，2013.

［26］曾伟玉．转型与跨越：广州改革开放四十年［M］．广州：广州出版社，2018.

［27］聂华瑞．论红色文化的功能［D］．郑州：河南师范大学，2013.

［28］梁峰旗．1927—1930年恽代英政治思想转变研究［D］．桂林：广西师范大学，2016.

［29］朱小理，胡松，杨宇光．“红色资源”概念的界定［J］．井冈山大学学报（社会科学版），2010（5）．

［30］刘昊．中共南石头监狱特别支部研究［J］．兰台世界，2010（11）．

［31］陈善光，曾建昭．青年团“一大”：中国青年运动的里程碑［J］．中国青年研究，1992（3）．

［32］黄星清．警惕网络历史虚无主义传播的新趋势［J］．红旗文稿，2017（1）．

［33］张启良．邓颖超在广东的革命岁月［J］．红广角，2010（10）．

［34］黄海英．妇运先驱　妇女风范：浅谈邓颖超在中共广东区委工作的杰出贡献和影响［J］．传承，2013（7）：31–33.

［35］姬丽萍，罗艳．蔡畅与20世纪中国妇女运动［J］．百年潮，2020（5）．

［36］苏琪．广东第一位女共产党员高恬波［J］．南方杂志，2020（12）．

［37］苏昕宇．青年周恩来与黄埔军校政治部［J］．广东青年职业学院学报，2018，32（4）：30–35.

［38］魏雅丽．从黄埔军校走出来的共和国元帅［J］．红广角，2011（2）．

［39］叶介甫．李启汉：工人运动“坐狱最早最苦的同志”［J］．工会信息，2018（20）．

［40］陈独秀．新教育是什么［Z］．广东，1921.

［41］洪奕宜，司敏．地下党“潜伏”，广州解放少了血雨腥风［N］．

南方日报，2011-06-21.

［42］习近平：全面推进教育文化卫生体育事业发展［N］．人民日报海外版，2020-09-23.

［43］铭记党的奋斗历程时刻不忘初心　担当党的崇高使命矢志永远奋斗［N］. 人民日报，2017-11-01.

［44］习近平在纪念毛泽东同志诞辰120周年座谈会上的讲话［N］．人民日报，2013-12-26.

［45］习近平在庆祝中国共产党成立95周年大会上的讲话［N］．人民日报，2016-07-01.

［46］黄熹，闫修彦．毛泽东11次南下广州［N］. 羊城晚报，2003-12-26.

［47］骆骁骅，蔡旭珠，赖盼闻，等．饮茶粤海未能忘　击水珠江遏飞舟［N］. 南方日报，2016-06-07.

［48］吴奕镇．碧血洒南粤，浩气汇东江　龙川先烈黄居仁为红色政权播下革命火种［N］. 河源晚报，2018-06-21.

［49］胡锦涛．在纪念邓颖超同志诞辰100周年座谈会上的讲话［N］. 人民日报，2004-02-11.

［50］鲍晓菁，陈延年．视死如归的革命者［N］. 新华社，2018-05-06.

［51］申富强，李良明．恽代英军队政治工作思想及其历史价值［N］. 光明日报，2017-08-09.

［52］徐大兵．邓中夏关于工人阶级斗争政策和策略的思想［N］. 光明日报，2016-04-26.

后记

2021年是中国共产党成立100周年。在我党百年的光辉历程中，书写了革命、建设和改革开放的壮丽篇章。红色文化是与中国共产党相伴而生的先进文化形态，蕴含着丰富的革命精神和厚重的历史文化内涵，是激励我们不断前进的力量之源。

广州是近代民主革命的策源地、岭南文化的发源地、改革开放的前沿地和海上丝绸之路的发祥地。红色文化、岭南文化、海丝文化、创新文化在这里融会贯通、交相辉映，形成了独特的广州文化。其中以马克思主义为指导、在中国共产党领导下创立的红色文化是广州文化的重要组成部分。丰富的红色文化资源，是广州在新时代进一步深化改革扩大开放的强大精神动力，进一步发掘、保护、传承、弘扬广州红色文化，具有重要的现实意义。

为了更好地传承和弘扬广州红色文化，中共广州市委党校组织编写本书，经过一年多时间查找资料、实地考察、撰写书稿，终于完成了全书的写作。本书第一章作者为谢兴梅，第二章作者为冯雅璐，第三章作者为陈丽冰、姚迈新，第四章作者为刘杰。在写作过程中，中共广州市委党校常务副校长孟源北研究员给予了大力支持和指导，副校长丁旭光研究员亲自审定提纲和修改文稿。刘杰负责全书的统稿工作。

由于作者自身水平的局限，加之对资料掌握不够全面，本书还存在不足和错漏之处，敬请读者批评指正。

本书编写组